高尔夫球心理训练

GOLF PSYCHOLOGICAL TRAINING

曹亚萍　郎　健◎著

首都经济贸易大学出版社
Capital University of Economics and Business Press
·北　京·

图书在版编目（CIP）数据

高尔夫球心理训练 / 曹亚萍，郎健著. -- 北京 : 首都经济贸易大学出版社，2024. 8. -- ISBN 978-7-5638-3749-6

Ⅰ. G849.314.8

中国国家版本馆 CIP 数据核字第 2024GT0163 号

高尔夫球心理训练

GAO'ERFUQIU XINLI XUNLIAN

曹亚萍　郎　健　著

责任编辑　晓　云

封面设计　砚祥志远·激光照排 TEL: 010-65976003

出版发行　首都经济贸易大学出版社

地　　址　北京市朝阳区红庙（邮编 100026）

电　　话　（010）65976483　65065761　65071505（传真）

网　　址　http://www.sjmcb.cueb.edu.cn

经　　销　全国新华书店

照　　排　北京砚祥志远激光照排技术有限公司

印　　刷　北京建宏印刷有限公司

成品尺寸　170毫米×240毫米　1/16

字　　数　249千字

印　　张　16.25

版　　次　2024年8月第1版

印　　次　2024年8月第1次印刷

书　　号　ISBN 978-7-5638-3749-6

定　　价　58.00元

前　言

近年来，随着全民健康运动意识的增强，以及我国高尔夫球协会的大力推广，户外健身运动热情高涨，已有越来越多的人参与并爱上能够给人带来绿色、阳光、健康、思考的高尔夫球运动。

与此同时，国内也涌现出了一批具备一定国际竞争力的优秀高尔夫球运动员。虽然其中一些高尔夫球运动员在技战术方面已具备与世界顶级职业高尔夫球运动员抗衡的实力，但心理问题却成为影响他（她）们充分发挥竞技水平、争取更好成绩和排名的巨大障碍。专业高尔夫球运动员和高尔夫球运动爱好者普遍面临高尔夫球心理问题的困扰。尤其让人惋惜的是，许多在青少年阶段表现出色、技术水平良好、具备较大潜力的高尔夫球运动员，在转为职业高尔夫球运动员后或走出国门参加国际高尔夫球比赛的过程中，经常面临竞技水平发挥不稳定，甚至出现成绩大幅下滑和内驱力严重不足等问题。其主要原因之一是，在我国的高尔夫球教学训练体系中，对于高尔夫球心理学理论和训练方法的研究和实践存在不足，这极大地限制了许多优秀高尔夫球运动员的潜力释放，也导致他（她）们普遍面临不能维持良好竞赛状态、缺乏内驱力等问题。

正是基于以上现状，笔者决定撰写《高尔夫球心理训练》一书，本书也是我国第一本从高尔夫球心理训练实践视角对高尔夫球心理理论与训练实践进行综合研究的图书。

为确保内容的实用性，笔者从 2021 年起便着手查阅大量国内外与心理学、运动心理学以及高尔夫球心理学相关的研究成果和文献资料，并通过线上会议与实地访谈等多种形式，调研了多位常年活跃在国内外教学训练一线的高尔夫球教练、高校高尔夫球教师、专业高尔夫球运动员、高尔夫球运动爱好者，以及多位青少年高尔夫球运动员及其家长。

《高尔夫球心理训练》不仅涵盖了高尔夫球心理学的理论框架，而且注重结合具体的高尔夫球心理训练指导，目的是帮助读者在高尔夫球心理训练的学习方面，不仅“知其然”，而且“知其所以然”，因为只有真正地理解，才能更高效地将理论应用到训练实践中。

为使读者能够更轻松地理解高尔夫球心理学理论，并在训练中高效地应用，笔者在撰写过程中力求简化复杂的学术理论，尽可能将抽象的理论转化为具体、可操作的训练方法。本书不同于市面上的许多以抽象理论为主的心理学书籍，它不仅阐述理论，而且注重理论的“落地应用和训练实践”，并且更强调应用于具体的高尔夫球心理训练和竞赛场景，更看重能够切实帮助一线高尔夫球教练，从而有助于高尔夫球运动员在训练实践中获得实质性提升。

本书的撰写遵循以下三个核心原则：

第一，理论源于实践，实践检验理论。与其他运动项目相比，高尔夫球运动是对细节要求相对更为严格的运动项目。我们深知，如果作者本身不懂高尔夫球，不会打高尔夫球，没有高尔夫球实战经验，那么其在撰写过程中将很难有效把握高尔夫球竞赛心理的核心问题和训练精髓，也很难对一线高尔夫球教练和运动员在心理训练方面的困惑感同身受。

另外，高尔夫球运动是一项精细化运动，是一项“差之毫厘，谬以千里”的运动，贸然将用于其他运动项目的一般心理学方法生搬硬套到高尔夫球项目上，效果常常不尽如人意。因此，笔者在撰写过程中，紧密围绕高尔夫球心理训练和竞赛中的现实需求，以确保该书的内容能够对一线高尔夫球教练、运动员以及广大高尔夫球爱好者提供通俗易懂的高尔夫球心理训练参考和借鉴。

第二，从国际前沿视角展开研究。在《高尔夫球心理训练》撰写过程中，笔者充分调研了近十年来国内外有关高尔夫球心理方面的理论研究成果，以及国际上发展比较成熟的高尔夫球心理训练体系、内容和方法。通过对不少于13个国际知名高尔夫球心理训练体系及国内现有的4套与高尔夫球心理相关的资料进行深入调研分析，进一步明确了国际高尔夫球心理训练的现状与趋势，以及国内高尔夫球心理训练中面临的问题与现实需求。

第三，理论紧密结合现实需求。不同的时代背景、不同的群体对高尔夫球竞赛心理的需求是动态变化的，因此，为更好地满足当前高尔夫球运动训练和竞赛的需求，力求做到理论指导实践，实践检验理论，笔者还分析了近三年来国内外顶级高尔夫球赛事中排名前十的职业高尔夫球运动员在比赛中的心理表现及个体行为模式。上述国际赛事包括但不限于美国名人赛、美国公开赛、美国PGA锦标赛、英国公开赛等男子大满贯赛事，以及LPGA的五场大满贯赛事等女子顶级赛事。国内顶级赛事包括沃尔沃中国公开赛、全国高尔夫球锦标赛等男子赛事，以及中国女子职业高尔夫球巡回赛（女子中巡赛）等女子赛事。笔者通过对国内外顶级高尔夫球赛事中运动员身心行为的分析，结合当下我国高尔夫球运动员普遍面临的心理障碍，进一步完善了《高尔夫球心理训练》的内容。

撰写《高尔夫球心理训练》的过程充满了极大的挑战。为紧密结合当前我国高尔夫球心理训练方面的现实需求，并尽可能适应我国高尔夫球群体的思维模式和接受信息的习惯，笔者在撰写过程中尽可能地使用通俗语言，而要将晦涩的理论通过通俗易懂的语言表述出来并非易事，在大量繁杂的调研信息中厘清思路更是难上加难。

笔者从2021年着手调研，于2024年2月完成初稿，其间经过反复修改，方于2024年6月交给出版社，在历时三年多的撰写过程中，笔者经历了无数次的困惑、迷茫、焦虑甚至崩溃，在不断梳理和反复推敲中，最终形成了清晰的思路，完成了本书的撰写。

由于笔者硕博阶段研究方向均是体育教育训练学，更侧重于理论服务训练实践，所以在撰写过程中，没有采用以晦涩难读的心理学理论描述为主的传统方式，而是予以创新，从高尔夫球心理训练实践视角切入，力求理论服务实践。本书书名《高尔夫球心理训练》也由此而来。

笔者深知，作为国内第一本从高尔夫球心理训练实践视角切入撰写的应用心理学书籍，难免会有不足之处，因此在书中留下了联系方式（微信：Setping9119。邮箱：Golfphd@163.com），如有相关疑问，欢迎大家探讨交流。

在《高尔夫球心理训练》出版之际，笔者十分感谢课题合作伙伴的大力支持，感谢在撰写过程中给予热心指导、帮助的专家、老师、教练、运动员（包括但不限于许多青少年运动员的家长），你们的热心参与和大力支持让笔者十分感动，备受鼓舞。感谢出版社的编辑老师和审稿老师，你们的专业意见与悉心沟通，使本书的质量得以进一步提升。在此，再次对所有给予热心支持和帮助的朋友表示最诚挚的感谢！

最后，愿每一位读者从中有所收获，祝愿中国高尔夫球运动发展得越来越好！

2024年7月1日于北京师范大学

目 录

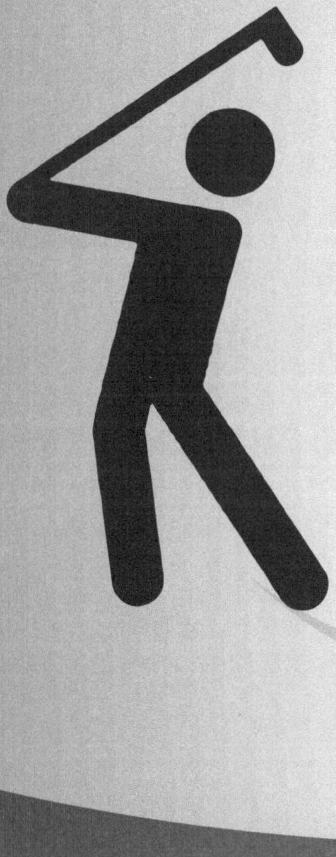

第一篇

高尔夫球心理学基础理论

第一章　高尔夫球运动心理发展概论

高尔夫球运动是一项需要高度专注和精细技能的运动，心理方面的发展对于高尔夫球运动员的整体表现具有重要影响。本章将探讨高尔夫球运动中心理发展的三个方面，从认知发展特点、情绪与社会发展到个人身份与自我概念。通过分析成人与青少年高尔夫球运动员的心理发展特点，我们可以更好地理解如何通过科学的心理训练提升高尔夫球运动员的整体表现。

第一节　高尔夫球运动员的认知发展特点

高尔夫球运动是一项融合了策略、技术和心理素质等在内的复杂运动，它要求运动员具备高度的专注力和精准的技术水平，对于高尔夫球运动员的认知能力更是有着极高的要求。认知发展在高尔夫球运动中之所以尤为重要，在于它影响着高尔夫球运动员的学习能力、技术执行以及比赛策略的制定。

一、成人高尔夫球运动员的认知发展特点

与青少年高尔夫球运动员相比，成人高尔夫球运动员在心理和认知方面的发展有其独特表现。他们通常具备更成熟的认知能力，能够更好地处理复杂的信息和任务。这使他们在高尔夫球运动中可以更有效地制定策略、分析比赛情境和调整心态。

（一）认知灵活性与适应性

成人高尔夫球运动员在认知灵活性和适应性的方面表现更为出色。他们能够根据不同的比赛条件和对手特点，迅速调整自己的技术、战术安排和策略。通常，认知灵活性与高尔夫球运动员的比赛表现密切相关。例如，成人高尔夫球运动员能够在比赛中有效地应对环境变化，如风速、湿度和场地条件等，并调整挥杆和推杆策略以适应这些变化。其认知灵活性不仅在策略调整上发挥作用，还在心理应对上表现突出。例如，在面对逆境乃至失败时，成人高尔夫球运动员能够更快地恢复心理平衡，继续保持高水平的竞技状态。这种适应性在长期高频的比赛中尤为重要，因为它能够帮助高尔夫球运动员在长时间的巨大心理压力和体能考验下保持稳定的表现。

（二）经验与直觉

成人高尔夫球运动员拥有更为丰富的比赛经验，这使他们往往能够利用直觉做出快速而准确的决策。经验丰富的高尔夫球运动员在面对压力时，能够保持冷静并做出最佳决策。研究发现，经验丰富的高尔夫球运动员在压力情境下表现出的决策质量显著高于缺乏经验的高尔夫球运动员[1]。这种经验和直觉的结合，使成人高尔夫球运动员在关键时刻能够更加自信和从容。其经验不仅体现在比赛策略上，还体现在对自我状态的认知和调整上。成人高尔夫球运动员通过多年的训练和比赛积累，通常会形成一套行之有效的自我调整方法，从而能够在比赛中根据自身状态进行调整和适应，以维持最佳表现。

（三）自我调节与情绪管理

成人高尔夫球运动员在自我调节和情绪管理方面也表现得更为突出。他们能够通过自我监控和调节，保持比赛中的最佳心理状态。如前所述，自我调节能力强的运动员在面对挫折和失败时，能够更快地恢复心理平衡，从而维持良好的竞技状态[2]。这对于高尔夫球运动这样需要长期集中注意力和保持耐心的运动尤为重要。自我调节不仅是情绪的调控，还包括对比赛节奏的掌控和对比赛环境的适应。例如，成人高尔夫球运动员能够在比赛中通过调整呼吸和心率来缓解紧张情绪，通过自我暗示来增强信心，从而在关键时刻保持冷静和专注。

（四）高级策略思维

成人高尔夫球运动员由于具有成熟的认知能力，因而善于在比赛中运用高级策略思维。高级策略思维包括对比赛整体形势的把握，对对手行为的预测以及对自身技战术的动态调整。高级策略思维与比赛成绩密切相关，具有高级策略思维的高尔夫球运动员在比赛中往往能够占据优势。例如，在面对复杂的比赛环境时，成人高尔夫球运动员能够迅速分析场地特点和对手策略，制订最优的比赛计划。这种策略思维不仅需要丰富的比赛经验，还需要高水平的认知能力和心理素质。

二、青少年高尔夫球运动员的认知发展特点

青少年高尔夫球运动员的认知发展与成人显著不同。青少年时期是认知能力发展的关键阶段，这一时期的青少年经历了大脑结构和功能的显著变化，这些变化会影响他们的认知能力、决策制定、情绪调节以及社会交往[3]。由于青少年的认知功能尚未完全成熟，他们在学习和应用高尔夫球技能时通常会表现出以下不同的特点和需求。

（一）学习能力与可塑性

青少年正处于快速学习和发展的阶段，他们的认知能力具有高度的可塑性。已有研究显示，青少年高尔夫球运动员在学习新技能和接受心理训练时，能够较快地掌握要领并将其应用于实际比赛中[4]。这种高度的学习能力使得心理训练在青少年时期尤为重要，而良好的心理训练可以为其未来的运动生涯打下坚实的基础。青少年在学习新的心理技能策略时，具有较强的模仿能

力和接受能力，能够通过观察和训练迅速掌握关键和要点。在高尔夫球心理训练中，青少年运动员也表现出较高的接受度和适应性，能够通过系统的训练大幅提升心理素质。

（二）专注力与持久性

青少年在专注力和持久性方面可能不如成人，对此需要在心理训练中予以特别关注。青少年的注意力易受外界干扰，且难以长时间保持高度集中[5]。因此，针对青少年的心理训练应采用循序渐进的方法，提高他们的注意力控制能力和心理耐力。专注力的培养可通过一系列的注意力训练和心理调节方法来实现。例如，通过冥想和放松训练，青少年高尔夫球运动员可以增强注意力集中和情绪控制能力，从而在比赛中表现得更加稳定和自信。

（三）自我认知与自尊心

青少年高尔夫球运动员的自我认知和自尊心处于快速形成和发展的过程中，他们对失败和挫折的敏感度较高。心理训练在帮助青少年高尔夫球运动员建立积极的自我认知和健康的自尊心方面具有重要作用。研究表明，通过系统的心理训练，青少年高尔夫球运动员可以大幅提高自信心，增强抗压能力，从而在比赛中表现得更加稳定和出色。青少年高尔夫球运动员的自我认知发展是一个渐进的过程，通过不断的比赛和训练，他们能够逐步建立起对自我能力的正确认知，从而在比赛中表现得更加自信。

（四）社会支持与团队合作

在青少年高尔夫球运动员的认知发展过程中，社会支持与团队合作扮演着重要角色。良好的社会支持系统能够显著提高青少年的心理素质和竞赛水平[6]。团队合作在青少年高尔夫球运动员的认知发展中也起着关键作用，通过与队友的互动和合作，青少年高尔夫球运动员能够提高社交技能和团队协作能力，从而在比赛中表现得更加成熟和稳定。

社会支持系统包括家庭、教练和同伴等的支持，这些支持不仅体现在物质和技术层面，还表现在心理和情感层面。通过建立良好的社会支持系统，青少年高尔夫球运动员能够在比赛中感受到更多的安全感和归属感，从而在比赛中表现得更加出色。

（五）自我效能感与动机

青少年的自我效能感和动机对其认知发展有着重要影响，与其运动表现和心理健康也密切相关。有效的心理训练可以增强青少年高尔夫球运动员的自我效能感和内在动机，使他们面对挑战时表现出更强的信心和毅力。自我效能感的提升需要通过一系列的成功体验和积极反馈来实现，青少年高尔夫球运动员应通过不断的训练和比赛积累经验和信心，从而在比赛中表现得更加自信和从容。

（六）技能与认知负荷管理

在青少年高尔夫球运动员学习高尔夫球技能过程中，认知负荷管理是一个关键问题。过高的认知负荷可能会导致青少年在学习和比赛中表现不佳[7]。因此，在心理训练中，需要关注青少年高尔夫球运动员的认知负荷，通过合理的训练设计和方法，帮助青少年高尔夫球运动员有效管理认知负荷，从而提高学习效果和竞赛水平。

认知负荷的管理可以通过分阶段的训练方法来实现。例如，在初期阶段应注重对基本技能的掌握，同时逐步提高训练内容的复杂性和难度，从而帮助青少年高尔夫球运动员逐步适应高强度的认知负荷。

成人和青少年高尔夫球运动员在认知发展方面有着显著的区别。成人高尔夫球运动员具备更成熟的认知能力和更丰富的经验，能够通过自我调节和情绪管理保持最佳竞技状态。青少年高尔夫球运动员则具有高度的学习能力和可塑性，但在专注力和自我认知方面需要更多的支持和训练。理解这些认知发展特点，有助于我们制订更加有效的心理训练计划，提升高尔夫球运动员的整体表现和心理素质。

第二节　高尔夫球运动员的情绪与社会发展

在高尔夫球运动中，情绪和社会发展对运动员的整体表现和心理健康具有至关重要的作用。无论是成人还是青少年高尔夫球运动员，都面临情绪管理和社交支持的挑战与需求。

一、成人高尔夫球运动员的情绪与社会发展

情绪管理对成人高尔夫球运动员至关重要。他们在比赛中常面临各种情绪挑战，如压力、焦虑和挫败感，这些负面情绪如果得不到有效管理，不仅会影响运动表现，还可能对运动员个人的心理健康造成负面影响。

（一）情绪管理

在高尔夫球运动中，情绪波动对运动员的影响极为显著。通过有效的情绪管理，运动员可以在高压情况下仍然保持冷静，从而提高决策的准确性和比赛的稳定性[8]。比赛中的得失、天气条件的变化以及竞争对手的表现都可能引发情绪波动。运动员可以通过有效的情绪管理策略，更好地应对这些挑战。情绪管理的关键在于识别情绪触发点，并通过积极的自我对话和放松技巧来调节情绪。例如，深呼吸和想象训练可以使运动员在紧张时刻保持冷静，提高竞赛水平。

通过长期的心理训练，运动员能够具有更强的情绪控制能力，从而在关键时刻表现得更加稳定。情绪管理不仅包括比赛前的心理准备，还包括比赛中的即时调节和比赛后的情绪恢复。系统的情绪管理训练能够显著降低运动员的比赛焦虑，提高其整体表现[9]。此外，针对成人运动员的情绪管理策略

还包括认知重构和情绪表达，通过改变对压力事件的看法和表达情绪，运动员能够更有效地处理压力和面对情绪波动[10]。其中，认知重构是一种通过改变对情境的看法来调节情绪的技术。例如，运动员在比赛中遇到困难时，可以通过积极的自我对话来改变对困境的认知，从而减少消极情绪对自己的影响。认知重构能够显著起到情绪调节的作用，提高个体的心理健康水平。情绪表达则是通过适当的方式表达情绪，以减轻自己的情绪负担和压力。这一点对于高尔夫球运动员来说尤其重要，因为他们需要在比赛中保持高度集中，而不能被负面情绪所干扰。

（二）社交互动

成人高尔夫球运动员的社交互动并不仅限于比赛现场，而是还包括训练期间的团队合作和社交活动。研究显示，良好的社交支持系统可以显著提高运动员的心理韧性和抗压能力[11]。通过与教练、队友和家人的积极互动，运动员可以获得情感支持和实用建议，从而在比赛中表现得更加自信和从容。

高尔夫球运动中的社交互动还有助于培养运动员的领导能力和团队精神。团队训练和比赛中的合作与沟通可以增强运动员的协作能力和社交技能，为他们在运动场外的职业发展奠定基础[12]。通过定期的社交活动，运动员可以建立起强大的支持网络，从而在遇到挑战时获得更多的支持和帮助。此外，社交互动还可以增强运动员的归属感和自我认同感，这对于他们的心理健康和职业发展都有积极的影响。

在成人高尔夫球运动员中，社交支持还可以通过建立正式和非正式的支持网络来实现。正式的支持网络成员包括教练、队友和体育心理学家，他们可以为运动员提供专业的指导和情感支持；非正式的支持网络成员则包括家人、朋友和同事，他们可以在日常生活中为运动员提供支持和鼓励。通常，拥有强大社交支持网络的运动员在面对压力和挑战时会表现得更加从容和自信[13]。

二、青少年高尔夫球运动员的情绪与社会发展

青少年高尔夫球运动员正处于心理和身体快速发展的敏感期，情绪管理和社会互动对他们的全面发展尤为重要。青少年高尔夫球运动员在高尔夫球训练和比赛中不仅要面对技术挑战，还要处理学业压力和面对来自同龄人的社交影响。

（一）情绪管理

青少年的情绪管理能力尚未完全成熟，他们在面对比赛压力时往往更容易出现情绪波动。有研究表明，针对青少年运动员的情绪管理训练可以帮助他们更好地应对比赛压力和情绪波动[14]。通过系统的心理技能训练，如放松训练和积极的自我对话，青少年高尔夫球运动员可以学会在比赛中保持冷静，从而提高竞赛水平和心理韧性。

此外，教练在青少年高尔夫球运动员情绪管理中的角色也非常重要。教练不仅要教授技术，还要关注运动员的心理状态，通过积极的反馈和情感支持，帮助运动员建立自信和提高抗压能力[15]。通过创造一个支持性的训练环境，教练可以帮助青少年高尔夫球运动员更好地应对情绪波动和比赛压力。教练的情感支持和积极反馈能够显著提高青少年的情绪管理能力和心理韧性[16]。

针对青少年高尔夫球运动员的情绪管理策略还包括情绪识别训练和情绪表达训练。情绪识别训练旨在帮助青少年高尔夫球运动员识别和理解自身情绪，从而更好地调节情绪。情绪识别能力强的青少年高尔夫球运动员在面对压力和挑战时往往表现得更加从容和自信。情绪表达训练则通过帮助青少年高尔夫球运动员建立适当的情绪表达方式，帮助他们减轻情绪负担和压力，从而提高其心理健康水平。

（二）社交互动

青少年的社交需求较强，他们在高尔夫球训练和比赛中需要与同龄人建立良好关系。良好的团队氛围和积极的社交互动对青少年高尔夫球运动员的心理健康和运动表现有显著促进作用[17]。通过参与团队训练和比赛，青少年高尔夫球运动员可以学会与他人合作，提高社交技能和增强团队凝聚力。

此外，青少年在高尔夫球运动中的社交互动还有助于其人格发展。通过与队友、教练和对手的互动，青少年可以学会处理人际关系中的冲突，培养沟通和解决问题的能力[18]。这些社交技能不仅在运动场上有用，对青少年的学业和未来职业生涯也有积极影响。

青少年高尔夫球运动员的社交互动还包括家庭的参与和支持。家庭是青少年社交支持系统的重要组成部分，通过与家人的积极互动，青少年高尔夫球运动员可以获得情感支持和实际帮助。家庭的情感支持和鼓励能够显著提高青少年高尔夫球运动员的运动参与度和心理健康水平[19]。此外，家长的参与还可以促进青少年高尔夫球运动员的社会化进程，帮助他们建立积极的社会关系和培养健康的人格。

在青少年高尔夫球运动员中，团队建设活动和社交技能训练也是重要的社交互动手段。通过参与团队建设活动，青少年高尔夫球运动员可以学会合作与沟通，增强团队凝聚力和合作精神。社交技能训练则通过培养青少年高尔夫球运动员适当的社交行为能力和沟通技巧，帮助他们在团队中建立良好的人际关系，从而提高其心理健康水平和运动表现[20]。

情绪与社会发展是高尔夫球运动员综合素质培养的重要方面。对于成人高尔夫球运动员来说，良好的情绪管理和社交互动可以显著提高其竞赛水平和心理健康水平。对于青少年高尔夫球运动员来说，系统的情绪管理训练和积极的社交互动不仅有助于提高其运动表现，还能促进其心理和人格的全面发展。对此，在未来的研究中可以进一步探讨不同年龄段、不同水平高尔夫球运动员在情绪和社会发展方面的需求，从而优化相应的训练方法，为高尔夫球运动员提供更加全面的心理支持。

第三节　高尔夫球运动员的个人身份与自我概念

在高尔夫球心理训练学中，个人身份与自我概念是高尔夫球运动员心理训练的重要组成部分。个人身份通常指的是一个人在社会和个人层面上的认同感和角色定位，自我概念则是一个人对自身能力、价值和特点的认知和评价。

一、成人高尔夫球运动员的个人身份与自我概念

高尔夫球作为一项强调个人表现的运动，对运动员的个人身份和自我概念有着深远影响。成人高尔夫球运动员在比赛和训练中通过不断挑战自我、提升技术水平，逐步形成和强化他们的个人身份和自我概念。

（一）个人身份

个人身份是指个体对自我在社会中的角色和地位的认知。对于成人高尔夫球运动员来说，他们的个人身份往往与其在高尔夫球运动中的表现密切相关。通过参加比赛和训练，运动员不断积累经验，获得成就感和自我认同，从而形成稳定的个人身份。运动员的个人身份不仅影响其运动表现，还对其整体生活质量和心理健康有着重要影响。

在高尔夫球运动中，运动员通过与教练、队友和对手的互动，不断调整和强化自己的个人身份。教练的认可和支持、队友的鼓励和合作以及对手的竞争和挑战，都是塑造运动员个人身份的重要因素。此外，社会和家庭的支持也对运动员的个人身份形成起着至关重要的作用。拥有强大社会支持网络的运动员在面对压力和挑战时更具韧性和自信[11]。

（二）自我概念

自我概念是指个体对自己各方面特质的总体认识，包括能力、自我价值感和自我形象等。高尔夫球运动员通过比赛和训练不断验证和提升自我概念。高水平运动员通常具有较高的自我概念，这与他们在比赛中的优异表现密切相关。通过高水平的训练和比赛，运动员可以逐步提升自我效能感和自我价值感，从而在后续比赛中表现得更加自信和稳定。

高尔夫球运动中的自我概念不仅体现在技术和体能方面，还包括心理素质和情感调节能力。运动员在比赛中需要面对各种挑战和压力，通过积极的自我对话和心理技能训练，他们可以增强自我控制能力和情感调节能力，从而提升整体自我概念。此外，成功的比赛经历和成就感也对运动员的自我概念提升有着积极的影响。运动员在取得成功后，其自我概念和自我效能感会显著提升，从而更有信心面对未来的挑战。

二、青少年高尔夫球运动员的个人身份与自我概念

在青少年心理学训练学领域，形成个人身份与自我概念是一项核心议题。青少年时期是个体心理社会发展的关键阶段，个人身份和自我概念的形成对于青少年运动员的心理健康和运动表现具有深远影响。在高尔夫球运动这项兼具个人竞技和与运动心理挑战的运动中，青少年运动员在追求技术精进的同时，也在不断探索和塑造自我。

（一）个人身份

青少年正处于探索和确立个人身份的关键时期。个人身份的探索是青少年发展的核心任务之一，涉及职业选择、性别角色、价值观和信仰等各个方面[21]。通过参与高尔夫球运动，青少年运动员可以在不断的训练和比赛中探索自我，初步建立起个人身份。运动参与可以促进青少年对自我身份的认同和对社会角色的理解。

在高尔夫球运动中，青少年运动员通过与教练、队友和对手的互动，逐渐形成对自身角色和能力的认知，从而确立个人身份。青少年高尔夫球运动员在追求运动成就的过程中，也在形成对运动员角色的认同。运动场上的经历，如胜利的喜悦和失败的挫折，都成为其个人身份探索和心理成长中的重要组成部分。运动员如何理解和处理这些经历，不仅影响其心理适应和运动持续性，也是其个人成长和成熟的标志[22]。

在青少年高尔夫球运动员的高尔夫球运动经历中，教练的指导和同龄人的影响是关键因素。教练通过技术指导和心理支持，帮助青少年高尔夫球运动员认识到自己的潜力和优势，增强其自我认同感。同龄人则通过共同训练和比赛，提供了一个相互支持和竞争的环境，从而促进青少年高尔夫球运动员个人身份的形成。

此外，家庭对青少年高尔夫球运动员个人身份的形成也起着重要作用。父母的支持和理解、教练的指导和鼓励、同伴的认同和接纳都为运动员提供了发展个人身份和自我概念的肥沃土壤[23]。家庭支持和父母的参与对青少年高尔夫球运动员的个人身份和自我概念有显著影响。通过积极参与和鼓励，家长可以帮助青少年高尔夫球运动员建立积极的自我认同感和强烈的自我效能感，从而使其在运动中表现得更加自信和坚定。

（二）自我概念

自我概念是指个体对自己属性、能力和价值的认知和评价[24]。在高尔夫球运动中，青少年高尔夫球运动员的自我概念不仅受其自身运动技能和比赛成绩的影响，还与教练的反馈、同伴的评价以及家庭的支持密切相关。例如，正向的教练反馈和同伴支持可以增强高尔夫球运动员的自我效能感，促进自信心的建立，这对提高其在比赛中的心理韧性和表现水平至关重要。

自我概念的发展对于青少年高尔夫球运动员的心理健康和运动表现至关重要。通过参与高尔夫球运动，青少年可以逐步建立起对自己能力和价值的认识，从而形成积极的自我概念。运动参与能够显著提高青少年的自我效能感和自尊水平[25]。

青少年在高尔夫球运动中的自我概念不仅包括对技术和体能的认识，还涉及心理素质和社交能力。通过高尔夫球训练和比赛，青少年可以逐步提升自我效能感，增强自我控制能力和情感调节能力，从而形成更加稳定和积极的自我概念。此外，成功的高尔夫球运动经历和积极的反馈也对青少年的自我概念发展有着积极的影响。青少年在取得高尔夫球运动成就后，其自我概念和自我效能感会显著提升，从而会在未来的训练和比赛中表现得更加自信和从容。

青少年高尔夫球运动员的自我概念还受家庭和学校的影响。家庭的情感支持和学校的积极助力能够显著提高青少年高尔夫球运动员的自我概念和心理健康水平。通过与家人和教师的互动，青少年高尔夫球运动员可以获得情感支持和实际帮助，从而增强其自我认同感和自我价值感。

个人身份与自我概念是高尔夫球运动员综合素质培养的重要方面。成人高尔夫球运动员通过不断的训练和比赛，能够逐步形成和强化自己的个人身份和自我概念，从而在比赛中表现得更加自信和稳定。青少年高尔夫球运动员通过参与高尔夫球运动，可以探索和确立自己的个人身份，建立积极的自我概念，从而促进其心理健康和全面发展。对此，在未来的研究中可以进一步探讨不同年龄段、不同水平的高尔夫球运动员在个人身份与自我概念方面的需求，以优化相应的训练方法，为高尔夫球运动员提供更加全面的心理支持。

第二章　高尔夫球运动员的心理特点与竞技焦虑

成人高尔夫球运动员和青少年高尔夫球运动员在心理特点和应对策略方面既有共同点，也存在显著差异。理解这些不仅有助于提高高尔夫球运动员的竞赛水平，还能促进其心理健康和全面发展。本章将从成人和青少年两个角度探讨高尔夫球运动员的心理特点，并分析他们在竞技焦虑与应对策略方面的不同表现。

第一节　高尔夫球运动员的心理特点

高尔夫球运动员的心理特点对其表现有着不可忽视的影响。特别是在成人高尔夫球运动员与青少年高尔夫球运动员之间，心理特点的差异成为他们训练和比赛策略的重要考量因素。

与成人高尔夫球运动员相比，青少年高尔夫球运动员在面对比赛压力、挫折和失败时可能更易受到影响，这不仅与他们的心理发展阶段有关，也与他们有限的生活和比赛经验有关。在青少年运动员发展自我认同的过程中，参与高尔夫球运动是他们实现自我价值和获取社会认同的一个重要来源。其运动成就常被视为自我价值的体现，这使得他们在面对比赛和训练中的挑战时可能会显得更加敏感和脆弱[26]。

与青少年高尔夫球运动员相比，成人高尔夫球运动员通常展现出更高的心理韧性和更成熟的情绪调节能力。他们通过多年的训练和比赛积累了丰富的经验，学会了如何管理比赛中的压力，如何从失败中恢复，以及如何保持比赛期间的专注。成人高尔夫球运动员在设定目标和期望时往往更加现实，能够根据自己的能力和情况调整策略，这种适应性是他们通过长期的比赛和生活经验逐渐培养出来的。

青少年高尔夫球运动员与成人高尔夫球运动员在心理特点上的差异，对教练制订训练计划和比赛策略具有重要指导意义。了解这些差异，不仅可以帮助教练更有效地支持高尔夫球运动员的成长和发展，也对促进其心理健康和运动表现具有积极作用。因此，针对不同发展阶段的运动员设计个性化的心理训练和支持策略，对提升高尔夫球运动员的运动表现和促进其长期发展而言至关重要[27]。

一、成人高尔夫球运动员的心理特点

成人运动员通常在心理上更为成熟和稳定，拥有更丰富的比赛经验和失败经历，这使得他们在面对压力和挑战时，能够表现出更好的韧性和应对策略[28]。他们在职业生涯中积累了丰富的比赛经验，这使得他们在面对竞赛压力和挑战时能够表现出更高的韧性和适应性[29]。成人高尔夫球运动员通常对自己的能力和表现有更清晰的认识，能够设定更为现实和具有挑战性的目标。此外，他们在心理准备、自我调节和团队合作方面也更加老练，能够有效地利用心理技能来优化表现。成人高尔夫球运动员的心理特点如下。

（一）心理韧性

心理韧性是指个体在面对压力、挫折和挑战时表现出的适应能力和恢复能力。对于成人高尔夫球运动员来说，心理韧性是其取得成功的关键因素之一。心理韧性强的运动员能够更好地应对比赛中的压力和挑战，从而在比赛中表现得更加稳定[30]。例如，当面对比赛中的失误时，心理韧性强的高尔夫球运动员能够迅速调整心态，继续保持高水平的比赛状态。

（二）注意力控制

高尔夫球运动要求运动员在每一次挥杆时集中注意力，排除外界干扰。成人高尔夫球运动员通常具有较强的注意力控制能力，这使他们能够在比赛中保持高度集中。优秀的高尔夫球运动员在比赛中能够有效地分配注意力资源，集中于当前任务，提高竞赛水平。

（三）情绪管理

情绪管理是高尔夫球运动员在比赛中保持冷静和稳定的重要因素。成人高尔夫球运动员通过系统的情绪管理训练，能够在比赛中控制情绪，避免因情绪波动影响比赛表现。情绪管理能力强的运动员在面对压力和挫折时，能够保持冷静和理智，从而提高竞赛水平[31]。

（四）自我效能感

自我效能感是指个体对自己完成某项任务能力的信念。对于成人高尔夫球运动员来说，高自我效能感能够增强他们的信心和动力，使他们在比赛中表现得更加自信和稳定。研究表明，自我效能感强的运动员在面对挑战时会表现出更高的坚持性和适应性，从而在比赛中取得更好的成绩[32]。

二、青少年高尔夫球运动员的心理特点

青少年高尔夫球运动员正处于生理和心理快速发展的阶段，他们的心理特点受到生理变化、社会环境和个人经历的影响，呈现出独特的成长模式。根据认知发展理论，青少年时期是从具体操作阶段过渡到形式操作阶段的关键时期，这一阶段的青少年时已经能够处理更为复杂的抽象思考任务[33]。这种认知能力的提升为青少年高尔夫球运动员在战术学习和策略应用上提供了更多可能性。

首先，他们在情绪波动、自我认同的探索以及对成就的追求方面，比成

年运动员表现出更多的不稳定性和变化性[34]。由于激素的变化以及社会和学业压力，他们可能会经历更频繁和强烈的情绪波动。这对于需要长时间集中注意力和保持情绪稳定的高尔夫球运动而言尤为重要。情绪管理能力的培养成为青少年高尔夫球运动员训练中的一个关键环节。

其次，青少年高尔夫球运动员的自我效能感和动机水平可能受到外界评价和同龄人相互比较的影响较大。他们在寻求独立的同时，也需要来自教练、家长和同伴的支持和认可。这种对归属感和认同感的需求，可能会影响他们的心理状态和比赛表现。此外，他们在面对压力和挑战时，可能缺乏有效应对策略，对此需要通过有效的心理训练和指导来建立应对技能。青少年高尔夫球运动员的心理特点如下。

（一）动机与目标设定

青少年高尔夫球运动员的动机和目标设定对其训练和比赛表现有着重要影响。通常，内在动机和外在动机结合的青少年运动员在高尔夫球训练和比赛中表现得更加积极和投入[35]。通过设定具体、可实现的目标，青少年高尔夫球运动员能够保持训练的动力和热情，从而逐步提高比赛水平。

（二）社交支持

青少年高尔夫球运动员的心理特点受到社交支持系统的显著影响。家庭、教练和同伴的支持能够增强青少年高尔夫球运动员的自信心和归属感，从而促进其心理健康和运动表现。良好的社交支持系统能够帮助青少年高尔夫球运动员在面对压力和挑战时表现得更加从容和自信。

（三）自我认同与自尊

青少年高尔夫球运动员正处于自我认同和自尊发展的关键时期。通过参与高尔夫球运动，青少年能够逐步建立起对自身能力和价值的认可，从而形成积极的自我认同和高自尊。运动参与能够显著提高青少年高尔夫球运动员的自我认同感和自尊水平。

（四）情绪调节

青少年的情绪调节能力尚未完全养成，他们在面对比赛压力时往往更容易出现情绪波动。通过系统的情绪调节训练，青少年高尔夫球运动员可以学会在比赛中保持冷静，从而提高竞赛水平和心理韧性。情绪调节能力强的青少年运动员在面对压力和挑战时会表现得更加从容和稳定[10]。

三、青少年高尔夫球运动员与成人高尔夫球运动员心理对比与分析

青少年高尔夫球运动员和成人高尔夫球运动员在心理特点上的差异，给他们的训练和比赛时的表现带来了不同的优势和挑战。青少年运动员的优势在于学习速度快，适应性强，具有探索新技能的动力和策略的开放性，这一点在高尔夫球这种技术和战略要求高的运动中尤为重要。他们所处的认知发展阶段特点使之能够快速吸收新信息，并得以在训练中迅速应用。然而，青少年高尔夫球运动员也面临着情绪管理的挑战，他们可能在比赛的压力下表现出更大的情绪波动，这可能影响到比赛中的决策和执行。虽然青少年高尔夫球运动员的心理可塑性较高，他们对新技能的学习和适应能力强，但同时也需要更多的心理训练来帮助他们应对情绪波动和自我认同的探索。

成人高尔夫球运动员的心理优势在于他们更加成熟和稳定，能够更好地管理情绪和压力，拥有丰富的经验积累和技能应用，具有更强的自我调节能力，能够在比赛过程中进行有效的自我监控和调整。他们在面对失败和挑战时能够保持冷静，能够采取更有效的应对策略[36]。然而，成人高尔夫球运动员可能面临认知灵活性降低的问题，即不如青少年高尔夫球运动员那样容易接受新技术或改变旧有的训练习惯。

青少年高尔夫球运动员的心理特点使他们在技术学习和创新方面具有优势，但需要更多的情绪管理和心理支持。成人高尔夫球运动员则在经验和心理稳定性方面占优，但可能需要更多的努力来提高认知灵活性和接受新技术。

因此，在设计高尔夫球心理训练计划时，教练应考虑运动员的年龄和发展阶段，采用针对性的训练方法来强化他们的优势并克服弱点。

第二节　高尔夫球运动员的竞技焦虑

竞技焦虑是高尔夫球运动员在比赛中普遍面临的一种心理现象。它不仅影响运动员的情绪和心理状态，还会直接影响其比赛表现。

竞技焦虑是指运动员在训练或比赛前感受到的焦虑和紧张情绪，这种心理状态可以分为认知焦虑和生理焦虑两个维度[37]。认知焦虑涉及对比赛的担忧和负面预期，生理焦虑则体现为身体紧张和不适[38]。竞技焦虑通常表现为担心比赛结果、担忧技能表现不佳以及对比赛重要性的过度关注。已有研究证实，适度焦虑可以激发运动员的注意力和反应速度，从而提高其表现，但过度焦虑则可能导致注意力分散、肌肉紧张和决策失误，最终影响运动员的表现[39]。因此，理解竞技焦虑的影响并采取有效的应对策略，对于高尔夫球运动员来说至关重要。

一、成人高尔夫球运动员的竞技焦虑

（一）竞技焦虑的特点

成人高尔夫球运动员在比赛中常面临巨大的心理压力和竞技焦虑。研究发现，竞技焦虑的产生主要与运动员对比赛结果的高期望和自我评价有关[20]。成人高尔夫球运动员在比赛中往往需要面对观众、对手和自身等多重压力，这些压力易导致他们在比赛中出现焦虑情绪，从而影响其技术发挥和整体表现。

（二）应对策略

为了有效应对竞技焦虑，成人高尔夫球运动员可采用一系列心理技能训练和调节策略。

1. 放松训练。放松训练是一种通过控制呼吸、放松肌肉和冥想等方式来减轻身体焦虑的方法。放松训练可以显著降低成人高尔夫球运动员的身体焦虑水平，提高其在比赛中的表现。

2. 认知重构。认知重构是一种通过改变负面思维和自我对话来减轻认知焦虑的方法。成人高尔夫球运动员可以通过积极的自我暗示和合理化的思维方式，减少对失败的恐惧和对自我能力的怀疑，从而提高自信心和心理稳定性。

3. 意象训练。意象训练是指运动员通过在脑海中反复演练比赛场景和技术动作，以提高心理准备水平和技术稳定性。意象训练可以有效提高成人高尔夫球运动员的自信心和比赛表现。

4. 目标设定。设定具体、可实现的目标可以帮助运动员在比赛中保持专注和动力，从而减少焦虑情绪。通过设定阶段性目标，成人高尔夫球运动员可以逐步实现自我突破，提高整体比赛水平。

二、青少年高尔夫球运动员的竞技焦虑

（一）竞技焦虑的特点

青少年高尔夫球运动员在比赛中同样面临竞技焦虑，但其表现形式和影响因素与成人高尔夫球运动员有所不同。青少年高尔夫球运动员正处于心理和生理发展的关键时期，他们对比赛的期望和自我评价尚未成熟，容易因外界压力和自我怀疑而产生焦虑情绪。此外，青少年高尔夫球运动员的社会支持系统和应对能力尚未完全建立，这也使他们在面对比赛压力时更容易出现焦虑反应。

青少年高尔夫球运动员的竞技焦虑主要来源于对失败的恐惧、同伴压力和父母期望，这些压力容易导致他们在比赛中出现认知焦虑和身体焦虑，影响其心理健康和比赛表现。

（二）应对策略

1. 心理技能训练。心理技能训练包括放松训练、认知重构和意象训练等。通过系统的心理技能训练，青少年高尔夫球运动员可以提高情绪调节能力，增强自信心和心理韧性，从而在比赛中表现得更加从容和稳定。

2. 社交支持。社交支持系统对青少年高尔夫球运动员的心理健康和竞技表现有重要影响。家庭、教练和同伴的支持能够帮助青少年高尔夫球运动员减轻压力，增强其自信心和归属感。研究表明，良好的社交支持系统能够显著降低青少年高尔夫球运动员的竞技焦虑水平。

3. 教育与培训。教育和培训能够帮助青少年高尔夫球运动员了解竞技焦虑的产生机制和应对方法，增强其应对压力的能力。教练和心理咨询师可以通过专题讲座和培训课程，向青少年高尔夫球运动员传授应对焦虑的技能和策略，从而提高其心理素质。

4. 目标设定与奖励机制。通过设定具体、可实现的目标和奖励机制，可帮助青少年高尔夫球运动员在比赛中保持专注和动力。通过阶段性目标的实现和适当的奖励，青少年高尔夫球运动员可以逐步提高自我效能感和心理稳定性，减少焦虑情绪。

5. 家庭支持与教育。家庭是青少年高尔夫球运动员重要的支持系统，家庭支持和教育对其应对竞技焦虑有着深远的影响。父母的情感支持和积极参与能够显著减轻青少年高尔夫球运动员的竞技焦虑，增强其自信心和归属感。通过与父母的积极互动，青少年运动员可以获得情感支持和实用建议，从而更好地应对比赛中的压力和挑战。家庭教育的积极影响能够显著提高青少年运动员的心理素质和比赛表现[40]。

6. 学校与同伴支持。学校和同伴支持是青少年高尔夫球运动员社会支持系统的重要组成部分。良好的学校支持系统，包括教师的鼓励和同伴的支持，能够显著减轻青少年高尔夫球运动员的竞技焦虑，增强其自信心和心理韧性。同伴支持对青少年高尔夫球运动员的心理健康和竞技表现也有着重要影响。通过与同龄人的互动和交流，青少年高尔夫球运动员可以获得情感支持和宝贵的建议，增强自信心和归属感。

综上，竞技焦虑是高尔夫球运动员在比赛中普遍面临的一种心理现象，它对高尔夫球运动员的情绪和比赛表现有着重要影响。通过系统的心理技能训练、社交支持、时间管理和角色楷模的引导，高尔夫球运动员可以有效应对竞技焦虑，提高竞赛水平和心理健康水平。

第三章　高尔夫球心理学发展与应用

在当代竞技体育中，高尔夫球运动以其独有的竞技特性和心理要求，给高尔夫球运动员带来了特殊的挑战。正是这些特点，使得高尔夫球运动成为运动心理学研究的一个关键领域。

高尔夫球心理训练在成人和青少年高尔夫球运动员的培养过程中都显得至关重要，它不仅有助于提升运动表现，还有助于促进心理健康和个人成长。随着运动心理学研究的深入，对成人和青少年高尔夫球运动员的心理特性和训练需求的认识不断增强，高尔夫球心理训练能够为他们的训练和比赛提供更为科学和系统的心理支持策略。

成人和青少年高尔夫球运动员在生理和心理成长的关键阶段都面临着运动心理成长的诸多挑战，如：自我认知的建立，压力和情绪的管理，与教练、同伴和家庭的有效沟通，等等。这些心理因素的管理对运动员的训练效率、比赛表现以及个人成长至关重要。心理技能训练被视为提升运动员心理素质、优化竞技状态的有效手段。通过心理技能训练，运动员可以提高自信心、集中注意力和提升压力管理能力，同时建立良好的自我意识，促进身心健康发展。

在过去的 15 年间，运动心理学的研究为高尔夫球心理训练提供了一定的理论支持和实践指导。心理技能的培养已被证明能够显著提升运动员在比赛中的表现，帮助他们更好地应对比赛压力，提高自信心，集中注意力。此外，心理训练还能够促进运动员的个人发展，帮助他们建立积极的心理状态，取得优异成绩。

尽管心理训练的重要性已得到广泛认可，但如何将运动心理学的理论有效地迁移和创新应用于成人和青少年高尔夫球运动员的训练中，仍有许多值得探讨的问题。运动员如何处理比赛中的压力和挫折，如何建立自我效能感和自我调节能力，以及如何通过心理训练提升技术和战术水平，都是高尔夫球心理训练中需要关注的重点。

目前，随着科技的发展和社会的变迁，高尔夫球运动员面临的心理挑战也在不断变化。社交媒体的普及和网络文化的影响也会对高尔夫球运动员的心理状态产生新的影响。在这样的背景下，为高尔夫球运动员提供有效的心理训练的理论指导和实践支持，是高尔夫球心理学研究亟待解决的问题。

第一节　高尔夫球心理学发展历程

高尔夫球心理学的发展是体育运动心理学领域中一个引人注目的分支，它探讨的是如何通过心理学的方法和原理来提升高尔夫球运动员的表现和心理健康。自 20 世纪初以来，随着体育运动心理学的兴起，学者们开始关注心理因素对高尔夫球运动员表现的影响。早期研究主要集中在基本心理技能训练上，如目标设定、自我谈话和放松技巧等[41]。这些研究为高尔夫球运动心理学的发展奠定了基础，证实了心理训练在提升运动表现中的重要性。随后，心理学家和运动训练教练开始更深入地探索高尔夫球运动员的心理需求和解决策略，如：如何管理比赛期间的压力，如何在关键时刻保持集中，等等[42]。这些工作不仅增进了对高尔夫球心理特性的理解，也促进了高尔夫球心理训练方法的创新和应用。

一、关键里程碑

高尔夫球心理学的发展历程中出现了几个关键里程碑，这些成就不仅推动了高尔夫球心理训练的进步，也促进了整个体育心理学领域的发展。1980

年是一个重要的转折点，当时的研究开始关注运动员的认知过程，如注意力控制和视觉想象等，这些研究为高尔夫球运动员提供了新的心理训练工具。此外，心理韧性的概念在 1990 年被引入高尔夫球心理学中，研究人员探讨了如何通过培养心理韧性以帮助高尔夫球运动员应对比赛中的失败和挫折。进入 21 世纪后，随着正念和冥想技术在体育领域中的应用日益增多，这些技术也被用于高尔夫球心理训练中，以帮助运动员集中注意力和进行情绪管理。这些关键的研究和应用不仅深化了对高尔夫球心理特征的理解，也为运动员提供了更加多样化的心理支持策略。

二、未来发展趋势

从国际视角看，当前高尔夫球心理学研究和应用正处于一个发展阶段，未来会有越来越多的研究聚焦于运动员个体差异、技术创新在心理训练中的应用，以及心理健康对于运动表现的长期影响。其中一个显著的趋势是个性化心理训练计划的开发，研究人员和心理教练正试图通过深入了解运动员的个人需求、性格特点和心理状态，来设计更为个性化的心理训练支持方案。

此外，科技应用也成为当前研究的热点。例如，虚拟现实技术被用来模拟比赛环境，以训练高尔夫球运动员的注意力控制和情绪调节能力。同时，对于高尔夫球运动员心理健康的关注也日益增加，研究人员开始探讨如何通过高尔夫球心理干预不仅提升运动员的运动表现，而且改善其整体幸福指数和生活质量。这些趋势显示了高尔夫球心理学正向着更加综合、个性化和科技化的方向发展。

第二节　心理学在高尔夫球运动中的应用

高尔夫球运动因其独特的运动特性和心理挑战，被广泛认为是检验运动员心理技能的理想平台。该项运动考验的是运动员的心理调控能力、情绪管理、压力应对以及专注力等心理素质。心理技能训练对于高尔夫球运动员来说是不可或缺的，它能有效帮助运动员在心理上准备比赛，提升他们的表现，同时还能提高他们应对训练和比赛压力的能力。心理技能训练包括一系列的策略和技术，旨在优化高尔夫球运动员的心理状态，如提高专注力、增强自信心、管理比赛中的压力和情绪等。

一、心理对高尔夫球表现的影响

高尔夫球作为一项高度依赖技术和心理素质的运动，其竞技表现不仅取决于运动员的身体素质和技术水平，而且深受其心理技能水平的影响。心理技能在高尔夫球运动中发挥着至关重要的作用，对运动员的注意力、情绪管理、压力应对和自信心等方面产生深远影响，从而直接影响其比赛表现。

心理技能在高尔夫球运动中扮演着不可或缺的角色，通过系统的心理技能训练，高尔夫球运动员可以提高注意力控制、情绪管理、压力应对等方面的能力，从而在比赛中表现出更高的竞技水平。心理技能不仅有助于高尔夫球运动员在比赛中取得优异成绩，还能促进其长期的心理健康和职业发展。因此，重视并系统化地进行高尔夫球心理技能训练，是提升高尔夫球运动员综合素质和竞技能力的关键之一。

（一）注意力控制

注意力是高尔夫球运动员在比赛中保持稳定表现的关键因素。心理技能训练中的注意力控制技术，如冥想、集中训练和视觉化，能够帮助运动员在比赛过程中集中注意力于当前的击球任务，排除外界干扰。例如，视觉化训练可以让运动员在脑海中模拟理想的击球动作和球的飞行轨迹，从而提高其在实际操作时的精准度和一致性。

（二）情绪管理

情绪管理能力对于高尔夫球运动员在高压环境下保持冷静和稳定表现至关重要。通过心理技能训练，运动员可以学习如何识别和调节自身情绪，避免因焦虑、愤怒或沮丧等负面情绪影响表现。正念冥想和自我对话等情绪管理技术能够显著降低运动员的比赛焦虑水平，提高其心理韧性和适应能力。

（三）压力应对

高尔夫球比赛中的压力源主要包括比赛结果的不确定性、观众的期待和自身的高标准要求。有效的压力应对策略可以帮助运动员在高压环境中保持最佳竞技状态。心理技能训练中的深呼吸、渐进性肌肉放松和自我暗示等方法，能够帮助运动员在比赛前和比赛中快速缓解紧张情绪，保持心理和身体的放松状态，从而提高击球的稳定性和准确性。

（四）自信心增强

自信心是影响高尔夫球运动员表现的重要心理因素。自信的运动员更容易在比赛中发挥出最佳水平，面对挑战时也能保持更加积极的心态。心理技能训练通过目标设定、积极自我对话和成功经验的回顾，可以有效增强运动员的自信心。例如，设定具体、可达成的短期目标可以帮助运动员逐步建立自信，并在比赛中保持良好的心理状态。

二、心理在高尔夫球训练中的应用

在高尔夫球训练中实施心理技能训练包括这样几个关键步骤：识别运动员的心理需求，设计个性化的心理训练计划，执行训练计划，进行效果评估。这一过程需要系统化、科学化的实施，以确保心理技能训练的有效性和针对性。

（一）识别运动员的心理需求

可以通过心理评估工具识别运动员在比赛中的心理需求。例如，使用竞技状态焦虑量表、注意力分散量表等评估工具，了解运动员在比赛前后的焦虑水平、注意力的集中情况、自信状态等。

（二）设计个性化的心理训练计划

在识别运动员的心理需求后，即可根据评估结果设计个性化的心理技能训练计划。这些计划应考虑到运动员的个性特点、心理需求、竞技目标以及当前的心理状态。例如，对于容易感到比赛焦虑的运动员，可以通过放松训练和压力管理技巧来帮助他们应对比赛压力。此外，对于注意力容易分散的运动员，可以设计专注力训练，如视觉化训练、冥想集中训练等，帮助他们在比赛过程中保持注意力高度集中。

（三）执行心理训练计划

执行个性化的心理训练计划需要有条不紊地进行。在训练过程中，教练和心理咨询师应密切关注运动员的心理变化，及时调整训练方法和内容。例如，在进行放松训练时，可以结合音乐疗法，通过舒缓的音乐帮助运动员进一步放松身心。在视觉化训练中，可以让运动员详细想象比赛场景，从准备动作到击球的全过程，使其做好充分的心理准备和增强比赛信心。

（四）进行效果评估

效果评估是心理技能训练的重要环节，应通过科学的评估方法了解训练效果，并根据反馈不断优化训练计划。在训练过程中，可定期使用心理评估工具重新评估运动员的心理状态。例如，每月进行一次竞技状态焦虑量表测试，了解运动员焦虑水平的变化。此外，可以通过比赛表现的记录和分析，评估心理训练对运动员竞技表现的实际影响。例如，比较训练前后运动员的比赛成绩、专注力表现和情绪控制能力，从数据中找到训练效果的证据。

（五）持续改进和调整

根据效果评估结果，持续改进和调整心理训练计划。心理训练是一个动态过程，需要根据运动员的实际情况和反馈不断进行调整。例如，如果某一训练方法效果不佳，则教练和心理咨询师需要及时调整训练策略，采用更适合运动员的方法。在长时间的训练过程中，可以定期更新和优化训练计划，以应对运动员心理状态和竞技需求的变化，确保心理技能训练的持续有效。

（六）综合应用与实践

心理技能训练应与高尔夫球技术训练和比赛实战紧密结合，形成了一个综合、实用的高尔夫心理训练体系。对此，可以通过模拟比赛情境，让运动员在真实的比赛压力下训练心理技能，将心理训练与技战术训练相结合，全面提升运动员的心理素质和竞技能力。例如，在日常训练中，可以安排模拟比赛，通过真实的比赛环境检验和巩固心理训练效果，帮助运动员在实际比赛中获得最佳表现。

心理训练为高尔夫球运动员提供了一套全面的工具和策略，以优化他们的心理准备工作，从而应对比赛中的各种挑战。通过系统的高尔夫球心理训练，运动员不仅可以提高自己的竞技表现，还能够增强心理韧性，更好地享受比赛过程。

第三节 成就动机与目标设定

一、概念

成就动机是指个体追求成功、努力达到或超越一定标准的心理倾向。在体育领域，成就动机被认为是运动员参与体育活动、努力提升自身技能以及在竞赛中追求优异表现的关键驱动力[35]。成就动机与目标设定紧密相关，后者为运动员提供了明确的行为方向和评估自我进步的标准。

二、常见反应

基于不同水平的成就动机，运动员在面对挑战和压力时可能展现出不同的心理和行为反应。高成就动机的运动员往往表现出更高的持久性、更积极的应对策略以及更强的逆境恢复能力。相反，低成就动机的运动员可能更容易体验到挫败感，放弃挑战[43]。

三、测量工具

成就动机的测量工具包括问卷调查、自我报告以及行为观察等。其中，TEOSQ（Task and Ego Orientation in Sport Questionnaire，任务取向和自我取向问卷）是一种常用的测量工具，用于评估运动员在体育活动中的任务取向（追求个人进步）和自我取向（与他人比较）[44]。此外，还有成就目标问卷和个人目标设定问卷[45]等，这些工具能够帮助教练和心理咨询师评估运动员的动机倾向和目标设定情况，从而为其提供个性化的心理训练和干预。

四、特点

高尔夫球运动员的成就动机特点受多种因素影响，包括个人性格、家庭环境、教练风格以及同伴关系等。青少年运动员的成就动机具有一定的年龄和成熟度相关性，他们的目标更可能是外在的和短期的，成人运动员则更倾向于内在和长期的目标。此外，青少年运动员在成就动机上也表现出更大的波动性，这与他们的心理发展阶段和社会环境变化有关。

五、提升策略

为了提升成就动机，可以采取多种策略，如设定具体、有挑战性但可达成的目标，帮助运动员接受和正视失败，以及提供有效的压力管理技巧[46]。通过设定具体、可达成的短期目标，可以帮助高尔夫球运动员建立自信，并逐步引导他们设定更长远和更有挑战性的目标。同时，应为其提供积极有效的反馈，创建支持性的训练环境。此外，教练应鼓励运动员专注于个人进步而非比较结果，以增强内在动机。

六、实践应用

在实践中，成就动机与目标设定理论可以帮助教练设计个性化的训练计划，满足运动员的心理需求，提高他们的参与度和表现水平。例如，通过设定短期和长期目标，运动员可以更清晰地认识到自己的进步，从而增强自信心和动机。

教练和心理咨询师应该根据运动员的个人特点和成就动机类型，设计个性化的目标设定和动机激发方案。例如，对于害怕失败的运动员，可以通过设定过程和努力目标而非仅仅是结果目标，来减少其对比赛结果的过分关注[47]。

成就动机与目标设定在高尔夫球运动员的心理发展中起着至关重要的作用。通过理解和应用这些概念，教练和心理咨询师可以更有效地支持运动员的成长，帮助他们实现个人和体育领域的目标。

第四节　压力管理与情绪调节

一、概念

压力管理和情绪调节是运动心理学中的两个核心概念。在高尔夫球运动中，其关注的是如何有效地管理运动员在训练和比赛中遇到的心理压力，以及如何调控情绪以维持最佳表现状态。压力通常定义为个体在面对超出其应对能力的要求时所感受到的紧张感和不安[48]。情绪调节则涉及个体如何影响、维持和改变自己的情绪状态，以应对不同的情境和达到个人目标[49]。

压力管理涉及识别压力源和实施策略以减轻其负面影响的过程。情绪调节是指个体对自己的情绪状态进行控制和调整的能力，目的是适应环境并达成个人目标[50]。在体育竞技中，压力管理与情绪调节包括应对比赛前的紧张、失望或比赛中的挫败感。

二、常见反应

高尔夫球运动员在训练和比赛中常见的压力反应可以分为生理、情绪、行为和认知等四个方面。这些压力反应不仅会影响他们的运动表现，还可能对他们的心理健康产生负面影响。

（一）生理反应方面

1. 心跳加速。在比赛或高强度训练前，运动员常常会感觉心跳加速，这是身体对压力的一种自然反应。

2. 呼吸急促。在高压环境下，运动员可能会感到呼吸变得急促且浅，这会影响他们的体能表现和集中注意力。

3. 出汗增加。压力会导致身体出汗增加，尤其是在比赛开始前或关键时刻，这不仅是生理反应，也是心理焦虑的表现。

4. 肌肉紧张。在高压环境下，运动员的肌肉可能会变得僵硬和紧张，影响动作的流畅性和协调性。

5. 胃肠不适。一些运动员在高压环境下可能会出现胃痛、恶心或其他胃肠不适的症状。

（二）情绪反应方面

1. 焦虑。比赛前的焦虑是高尔夫球运动员常见的情绪反应，尤其是在重要比赛或面对强劲对手时。

2. 沮丧。在训练中遇到挫折或比赛中表现不佳时，运动员容易感到沮丧和失望。

3. 易怒。在高压环境下，运动员的耐心可能会下降，变得易怒，对周围的刺激反应更为敏感。

4. 自我怀疑。在高压环境下，运动员可能会质疑自己的能力，产生自我怀疑的情绪。

（三）行为反应方面

1. 表现退缩。一些运动员在面对压力时可能会表现出退缩行为，逃避训练或比赛，甚至表现出放弃的倾向。

2. 失误增加。压力会影响运动员的动作协调和判断力，导致比赛或训练中失误增加。

3. 过度训练。为应对压力，一些运动员可能会选择增加训练强度和时间，希望通过超额训练来提升自信和表现，但这反而可能导致过度训练和伤病等问题的发生。

4. 社会隔离。在高压环境下，运动员可能会减少与教练、队友和家人的交流，变得更为孤立。

（四）认知反应方面

1. 注意力分散。在高压环境下，运动员的注意力容易分散，难以集中在当前任务上。

2. 负面思维。在高压环境下，运动员可能会更多地关注负面结果，担心失败，陷入负面思维循环。

3. 决策困难。压力会影响运动员的决策能力，导致其在比赛中的战术选择和应对策略不够合理。

4. 记忆力下降。在高压环境下，运动员可能会出现记忆力下降的情况，无法准确回忆训练内容或比赛策略。

三、应对策略

为帮助高尔夫球运动员更好地应对训练和比赛中的压力反应，教练和心理咨询师可以采取以下策略：

1. 放松训练。通过渐进性肌肉放松、深呼吸和冥想训练，帮助运动员缓解生理紧张。

2. 心理技能训练。通过积极自我对话和正念训练，提高运动员的情绪管理和认知调控能力。

3. 建立支持系统。通过团队建设和社交支持，增强运动员的归属感和心理安全感。

4. 设定合理目标。帮助运动员设定具体、可实现的短期目标，逐步提升其自信心和成就感。

通过科学、系统的心理训练，高尔夫球运动员可以更好地应对训练和比赛中的压力，提高心理素质和竞技水平。

第五节　团队互动与社会支持

一、概念

团队互动与社会支持在运动心理学中指的是运动员在团队环境中与教练、队友以及支持系统（包括家庭和朋友）之间的相互作用和支持机制。社会支持被视为缓解心理压力、提高运动表现及增强团队凝聚力的关键因素[51]。它包括情感支持、信息支持、伴侣支持和实质支持，每一种支持都在运动员的心理发展和表现优化中扮演不同的角色。

团队互动和社会支持在体育心理学中指的是运动员通过与教练、队友、家庭成员以及更广泛的社会网络的互动，以获得情感、信息、评价和物质支持的过程。这种互动和支持对于青少年运动员的心理健康、动机、承诺以及整体体育表现起到了至关重要的作用[52]。

二、常见反应

在高竞争性的运动如高尔夫球运动中，运动员可能面临巨大的压力和期望。在这种环境中，团队互动的质量和社会支持的可用性常常直接影响运动员的情绪状态和表现。缺乏足够的社会支持可能导致孤立感、焦虑和动机下降，而良好的团队互动可以提升自信、增强归属感和提高抗压能力[53]。

运动员在高压环境下的常见反应包括感到孤独、压力过大和动力不足等。社会支持则通过提供情感的慰藉、实际的帮助或解决问题的建议，帮助运动员应对这些挑战，增强他们的心理韧性和提高其应对能力。

三、特点

高尔夫球运动员的社会支持和团队互动的需求可能会随着年龄、性别和竞技水平的不同而变化。例如，青少年运动员可能更依赖于父母和教练的情感支持，而更高水平的运动员可能更重视技术和战术上的支持[52]。此外，团队文化、教练的领导风格以及队友之间的关系也会影响团队互动的特点和效果。

团队互动和社会支持的特点具有多样性和复杂性。运动员可能来自不同的文化和社会背景，他们对支持的需求和反应也各不相同。有效的社会支持应当考虑到个体差异，以及支持的时效性和适宜性[54]。

四、提升策略

增强团队互动和社会支持的策略包括建立开放和正直的沟通环境、促进团队活动、提供角色明确性和增强团队凝聚力的团队建设活动。教练应鼓励运动员之间的相互支持，并建立一种包容和支持的团队文化。

对于处理不足或不恰当的社会支持，运动员和教练可以采取一些策略，包括：开发团队建设活动，提高团队凝聚力；增强家长和教练之间的沟通，确保运动员获得必要的支持；培养运动员的社会技能，帮助他们更有效地寻求和利用可用资源。

在实际应用中，教练应定期评估团队的社会支持结构，并根据运动员的反馈调整训练和竞赛策略。此外，可以通过团队建设活动和团队聚会来增强队友之间的联系和支持，同时，为高尔夫球运动员提供技能培训，帮助他们更好地接受社会支持。在实践中，教练应该重视团队氛围的培养和维护，定期举办团队活动以增强队员间的信任和支持。家长工作坊和教育会议可以帮助家长了解如何在运动生涯中支持自己的孩子。此外，社区和学校也应提供额外的资源和平台，支持青少年运动员的发展。

团队互动和社会支持在青少年高尔夫球运动员的心理发展和运动表现中扮演着至关重要的角色。通过有效的团队管理和社会支持策略，可以显著提高运动员的满意度，减少他们的心理压力并优化他们的运动表现。团队互动与社会支持在青少年高尔夫球运动员的心理发展和体育表现中扮演着关键角色。通过理解和优化这些互动和支持，可以显著提高运动员的心理健康水平和体育成就。

在对高尔夫球心理学有了一定的了解后，我们就可以开始具体实施心理训练了。

在接下来的第四章中，我们将探讨青少年高尔夫球基础心理训练的具体方法。这些方法是建立在前述心理学理论和青少年心理特征基础上的，旨在通过系统的训练提升青少年高尔夫球运动员的心理素质。

第二篇

高尔夫球心理技能训练实践

第四章 高尔夫球基础心理训练

第一节 动 机

如果没有动机，即使是天才高尔夫球运动员也无法完全发挥自身的潜能。具备强烈动机的高尔夫球运动员，即使没有特别的天赋，也可以获得诸多成功。激励高尔夫球运动员持续努力训练，积极参与竞争、专注具体目标是非常大的挑战。

一、概念

高尔夫球运动动机是推动人们参与高尔夫球运动的内部动力，一般分为内部动机和外部动机。它是高尔夫球运动员训练和比赛的动力源泉，也是运动心理学长期关注的研究课题。内部动机能够使我们自发地从事某种活动，并为做好它投入极大的热情，比如，从训练比赛中获得归属感，满足自我价值实现等心理需求。外部动机是由外部刺激引起的，比如高额赛事奖金、社会头衔等，但个体行为容易被外界环境所干扰。

二、理论基础

目标定向理论于 1992 年由杜达和尼克尔斯提出。目标定向分为任务定向和自我定向两大类。任务定向强调自己与自己比，注重个人努力，以掌握高尔夫球专项所需的技术、完成任务为目标，有助于提高高尔夫球运动员的内部动机和主观能动性。自我定向强调自身与他人比较，以超越他人为目标。自我定向容易让运动员产生无力感。

对于高尔夫球新手而言，高任务定向比高自我定向的高尔夫球运动员在训练中技能掌握更好，坚持运动员任务定向是在竞技比赛中获得流畅状态的重要因素。因此，高尔夫球教练应注重帮助运动员建立一种高度的任务定向。

三、训练动机不足的表现

在高尔夫球运动中，训练动机不足的表现有：

1. 缺乏积极性。运动员在训练中表现出缺乏热情和动力，对训练任务和目标不感兴趣，甚至态度敷衍。

2. 训练强度不足。在训练过程中，运动员的投入度不高，训练强度和效果不佳，不能达到教练设定的要求。

3. 训练态度松散。运动员在训练中有懒散、拖延和逃避的行为，对训练纪律和要求不够重视。

4. 缺乏目标感。运动员在训练中缺乏明确的目标和方向，对训练的意义和目的不清楚。

5. 情绪波动大。训练过程中，运动员的情绪容易波动，表现出厌烦、消极和抗拒情绪。

四、赛前动机不足的表现

在高尔夫球运动中，赛前动机不足的表现有：

1. 比赛准备不足。运动员在比赛前表现出比赛准备不充分，如缺乏战术分析、技术调整和心理调节。

2. 自信心不足。运动员在比赛前表现出自信心不足，怀疑自己的能力和表现，容易产生焦虑和紧张情绪。

3. 缺乏竞争欲望。运动员在比赛前缺乏对胜利的渴望和竞争的欲望，表现出对比赛结果的不在乎。

4. 情绪低落。比赛前，运动员情绪低落，表现出无精打采、心不在焉，对比赛缺乏期待和兴趣。

5. 负面思维。运动员在比赛前表现出过多的负面思维，如担心失败，害怕失误，对比赛充满消极预期。

五、提升赛训动机的训练方法

采取提升赛训动机的训练方法，可以有效提升高尔夫球运动员的训练和比赛动机，帮助他们在训练中保持积极的态度和高水平的投入，在比赛中发挥最佳表现，取得优异的成绩。

1. 设定具体目标。

（1）短期目标。设定具体、可实现的短期目标，帮助运动员逐步体验成功和进步的乐趣，增强自信心和成就感。

（2）长期目标。设定具有挑战性的长期目标，激励运动员为实现目标而不断努力和奋斗。

2. 增加训练趣味性。

（1）多样化训练。通过丰富多样的训练内容和形式，增加训练的趣味性和新鲜感，避免单调和乏味。

（2）结合游戏化元素。在训练中融入游戏化元素，通过竞赛、挑战和奖励机制，提升运动员的参与度和积极性。

3. 提供正向反馈。

（1）即时反馈。在训练过程中，教练及时给予积极的反馈和鼓励，肯定运动员的努力和进步。

（2）定期评价。通过定期的训练评价和比赛表现分析，帮助运动员了解自身的优势和不足，明确改进方向。

4. 增强自我效能感。

（1）成功经验回顾。通过回顾和总结过去的成功经验，增强运动员的自信心和自我效能感。

（2）模拟比赛训练。通过模拟比赛情境，让运动员在真实的压力环境中训练心理技能和应对策略，提升自我效能感。

5. 心理技能训练。

（1）视觉化训练。通过视觉化训练，让运动员在脑海中模拟理想的比赛情景，增强对比赛的期待和信心。

（2）自我对话训练。通过积极自我对话，帮助运动员建立正面的心理预期，增强自信心和动机水平。

6. 建立支持系统。

（1）团队支持。通过团队建设活动，增强团队凝聚力和合作精神，提升运动员的归属感和动机水平。

（2）家庭支持。通过与家长的沟通和合作，建立良好的家庭支持系统，为运动员提供情感支持和激励。

7. 心理辅导与咨询。

（1）个性化心理辅导。根据运动员的个性特点和心理需求，提供个性化的心理辅导和咨询服务，帮助他们解决心理困扰，提升动机水平。

（2）团体心理辅导。通过团体心理辅导活动，增强运动员的自我认知和情感调节能力，提高训练和比赛的动机水平。

第二节　自信心

通常，高水平的高尔夫球运动员会自信地认为，成功的关键是相信自己，即使面对压力，也能够做到自信并努力争取。

一、概念

自信心是指个人相信自己，对自己所做的事情或者已经在做的事情深信不疑。自信是高尔夫球运动员人格的重要组成部分，是一个重要的心理技能。如果没有健康且现实的自信基础，运动员将不可能达到自身真正的潜能水平。通常与低自信高尔夫球运动员相比，高自信高尔夫球运动员能够在训练和比赛中发挥更高水平。具备最佳自信水平的高尔夫球运动员，心理焦虑水平更低，更专注，运动能力表现更好，具备更强的参赛动机。

二、理论基础

倒U理论（也常称为倒U形曲线理论）广泛应用于体育心理学领域，用于描述运动员的自信心与其表现之间的关系。这一理论指出，当一个运动员的自信心处于适中水平时，他们的表现往往最佳。自信心过低可能导致表现不佳，因为运动员可能缺乏必要的动力和决心；然而，过高的自信也可能不利于表现，因为它可能导致过度自信和准备不足。

根据这一理论，自信心和表现之间的关系呈倒U形曲线。在曲线的左侧，随着自信心的增加，表现也会相应提高。但当自信心达到某一临界点之后，继续增加自信心反而会导致表现下降。这一理论强调了平衡自信心的重要性，使运动员能够处于最佳的心理状态，从而发挥最好的水平。

三、缺乏自信心的表现

在高尔夫球运动中，缺乏自信心的表现有：

1. 犹豫。缺乏自信的高尔夫球运动员在做决策时可能会犹豫不决。例如，在选择使用哪一杆时反复权衡，无法迅速做出决定。

2. 过分谨慎。这类高尔夫球运动员可能会在打球时显得过于谨慎，害怕犯错误。他们可能选择较为保守的策略，避免采取可能带来更大收益但风险较高的打法。

3. 进行负面自我对话。缺乏自信的高尔夫球运动员往往会在内心进行消极的自我对话。他们可能会不断批评自己的技术和选择，从而进一步削弱自己的自信心。

4. 身体语言不自信。这类高尔夫球运动员的身体语言通常显示出不自信，如低垂的肩膀、避免眼神交流或显得紧张不安。

5. 对失败的反应强烈。在比赛中遇到挑战或失败时，缺乏自信的高尔夫球运动员可能很难快速恢复和调整心态。他们可能过分沉浸在之前的错误中，无法专注于当前的比赛。

四、过度自信的表现

在高尔夫球运动中，过度自信的表现有：

1. 冒险过度。过度自信的高尔夫球运动员可能会过于自信地处理比赛中的挑战，甚至会冒不必要的风险，例如在不适合的情况下尝试高难度的击球。

2. 忽视细节。这类高尔夫球运动员可能因为过分自信而忽视比赛策略和细节准备。他们可能认为自己无须像平时那样仔细准备或调整技术就能够应对任何情况。

3. 抵触反馈。过度自信的高尔夫球运动员可能对教练或同伴的建议和反馈不够开放，因为他们认为自己已经知道最好的做法。

4. 表现夸张。这类高尔夫球运动员在体态和语言中可能表现出过度自信，如过分夸大的姿态、过高的声音或过于断定的说话方式。

5. 挫败感极大。当比赛结果不符合预期时，过度自信的高尔夫球运动员可能难以接受现实，感到极大的挫败和不满。

高尔夫球运动员的自信心需要维持在一个平衡的水平，过低或过高都可能对他们的表现产生负面影响。教练可以通过心理技能训练帮助高尔夫球运动员更好地理解和调节自己的心理状态，包括建立现实的自我评价、学习有效的应对策略以及如何在压力下保持冷静和集中。通过这些方法，高尔夫球运动员可以更好地掌握比赛节奏，提高表现力，享受比赛的过程。

五、提升自信心的训练方法

在高尔夫球运动中，提升自信心的训练方法如下：

1. 再现成功体验，建立成功档案，收集个人成就精选片段，回忆成功经验。

2. 制定详细目标，开展阶段性评估。

3. 观看优秀高尔夫球运动员比赛示范。

4. 提高表象力，即在脑海中再现训练和比赛或技术发挥中的成功细节。

5. 教练采用口头正向反馈。

6. 培养积极自我暗示和对话能力。

7. 重视赛前准备，关注可控因素。

8. 重视基本功训练，时刻展现自信行为。

第三节　目标定向

设定目标是高尔夫球运动员在训练和比赛中提升运动能力最有效的方式之一。

一、概念

目标定向是指运动员在训练和比赛中所设定的目标以及他们追求这些目标的动机和方式。目标定向理论是运动心理学中的重要理论之一，解释了运动员在体育活动中如何设定和追求目标及其如何影响他们的心理状态、行为和竞技表现。

二、目标定向理论基础

目标定向理论是运动心理学中的一个重要理论，旨在解释个体在追求成就目标过程中的动机、行为和心理状态。该理论的主要贡献在于区分了任务定向和结果定向，并探讨了这两种目标定向如何影响个体的成就行为和心理适应。

目标定向的理论基础是自我决定理论。自我决定理论提出，个体的动机可以分为内在动机和外在动机。任务定向与内在动机密切相关，而结果定向则更多地与外在动机相联系[55]。其中任务定向的训练方法，如积极自我对话、目标设定和视觉化训练，可以显著提升运动员的心理韧性和竞技表现。结合团队目标和个人目标的综合训练方法也在提升团队凝聚力和个体表现方面具有显著效果。

任务定向的个体关注个人的学习、进步和技能提升。他们将努力和过程视为成功的关键，更注重自我提升和掌握任务。任务定向的个体往往在面对挑战时表现出更高的坚持性和更积极的学习行为，并与更好的心理适应和更高的成就动机相关联。

结果定向的个体关注外部评价和与他人的比较。他们将成功定义为相对于他人的优越表现。结果定向的个体通常更容易产生焦虑，对失败的敏感性更强，表现出较低的坚持性和更大的情绪波动。

三、缺乏目标定向的表现

在高尔夫球运动中，缺乏目标定向的表现有：

1. 缺乏动机。没有显示出明显的热情或兴趣改进技能，可能只是例行公事地参与训练和比赛。

2. 焦虑或紧张。在比赛中过分担心失败，导致不能放松并享受比赛。

3. 容易气馁。面对挑战或失败时，容易感到挫败并可能放弃。

4. 目标混乱。没有清晰的目标或频繁改变目标，缺乏长期和稳定的发展方向。

5. 过分比较。经常与他人比较自己的表现，而不是关注个人进步和成就。

四、设定有效目标的好处

在高尔夫球运动中，设定有效目标有以下好处：

1. 可以让运动员集中注意力。

2. 可以增强运动员的自信心。

3. 有利于运动员保持积极心态。

4. 有利于提高运动员的训练质量。

5. 有利于提高运动员的竞赛技能。

五、设定有效目标的原则

有效目标包括过程目标、能力表现目标、结果目标。过程目标关注形式、技术和策略。能力表现目标注重提高个人的整体能力水平。结果目标强调比赛输赢或排名。

1. 多关注过程目标和能力表现目标。

2. 设置具体、可量化且易观察的目标。例如，要求高尔夫球运动员最后一杆上果岭率达到70%。

3. 有明确的时间限制。适时的时间限制更具有激励性。

4. 设定的目标要难度适中，中等难度优于简单目标或较难目标。有研究发现，与提高10%（容易）、提高40%（非常困难）相比，中等难度目标组的成绩提升最好。可采用目标阶梯法：近期目标比当前能力水平或最近平均水平略高（15%~20%），做好3个或4个梯级计划，周期控制在6周以内。

5. 高尔夫球运动员参与目标制定。鼓励高尔夫球运动员参与制定目标。

6. 长短期目标相结合。长期目标的训练时间为1~2年或更长时间周期，有利于高尔夫球运动员竞技能力的可持续发展。短期目标的训练时间一般不超过6周。

7. 设定具体的训练目标和比赛目标。

8. 设置系统目标。

9. 定期评估目标实现情况，并及时提供反馈。

六、制定有效目标的方法

在高尔夫球运动中，制定有效目标的方法如下：

1. 准备阶段。先评估再制定。

2. 实时阶段。首先，对目标进行认真研究和讨论。其次，分析现状与未来期望。最后，制订详细的训练和比赛计划。

3. 评价阶段。评价通常放于赛季末，也可贯穿于赛季中。每次训练周期结束之后和比赛后，对过程目标和操作目标进行监控分析。

第四节　专注力

一、概念

专注力（也称为注意力集中）是指运动员在训练或比赛中能够将注意力持续集中在相关任务上的能力。专注力影响运动员对技术细节的掌握、对竞赛环境的适应以及对压力和干扰的处理能力。有效的专注力使运动员能够忽略无关的干扰，如观众噪声、天气条件或个人问题，专心于当前的运动表现和战术执行。

著名高尔夫球运动员泰格·伍兹除了具有极高的技战术水平外，在比赛中对每一杆甚至每一洞都全神贯注，能够集中注意力。

在高尔夫球运动中，没有什么比专注于眼前的任务更加重要。表面上看，保持专注力很简单，只需全力以赴将注意力集中到当前任务，同时排除其他所有无关干扰。但心理学家研究发现，保持专注力是一个非常复杂的过程。通常成功的高尔夫球运动员能够在比赛过程中将注意力放在当前任务上，受到干扰时，能重新快速做到注意力集中。

二、理论基础

专注力的理论基础是注意控制理论[56]。该理论认为，人的注意力资源是有限的，因此必须在多个需求间进行分配。如果高尔夫球运动员将过多的注意力资源分配给无关的刺激，如观众的反应或负面情绪，则执行任务的效率将会下降。另一方面，注意控制理论强调个体如何选择性地集中或分散注意力的能力。这一理论区分了两种类型的注意控制：

1. 宽广–外向型。适用于需要观察整场比赛场景以做出战术决策的情况。

2. 狭窄–内向型。适用于需要集中精力执行特定技术动作的情况。

运动员应根据比赛的具体要求灵活调整注意力的宽度和方向，以达到最大化的专注效果。

三、专注力不足的表现

在高尔夫球运动中，专注力不足的表现有：

1. 频繁失误。专注力不足的高尔夫球运动员可能在比赛中经常犯错，比如，击球时打偏或打出界。发生这些失误通常是由于无法集中注意力于击球技术或战术决策上。

2. 易受干扰。专注力不足的高尔夫球运动员在比赛中容易被外界因素干扰，如观众的声音、天气变化或其他高尔夫球运动员的表现，导致无法专注于自己的比赛。

3. 难以从失误中恢复。专注力不足的高尔夫球运动员往往难以快速从自己的失误中恢复过来，容易陷入对前一次击球错误的反复思考，影响接下来的表现。

4. 情绪波动大。当高尔夫球运动员无法有效地控制和管理自己的专注力时，他们的情绪也可能会变得不稳定，比如，在发挥不佳时表现出过度的挫败感或愤怒。

5. 表现起伏不定。专注力不足可能导致高尔夫球运动员在比赛中的表现起伏不定，好的时候可以打出非常优秀的成绩，而一旦分心，表现就会大失水准。

6. 难以执行战术。专注力不足的高尔夫球运动员可能发现自己难以遵循比赛前制订的战术计划，比如，在需要采取保守打法时反而选择高风险的策略。

7. 比赛准备不足。在比赛前，缺乏专注力的高尔夫球运动员可能无法进行充分的热身和心理准备，这种准备不足会直接影响比赛的开局和整体表现。

8. 存在沟通障碍。与球童或教练的沟通也可能因为专注力不足而受到影响，高尔夫球运动员可能无法清晰地表达自己的需求或理解来自教练的指示。

四、优秀高尔夫球运动员的专注力特点

优秀高尔夫球运动员的专注力特点如下：

1. 专注当下，不考虑过去或未来。

2. 精神放松，能够高度集中注意力和控制力。

3. 有良好的表象力，能够想象比赛中可能出现的每一种情形。

五、专注力与成绩的关系

（一）逆效应

逆效应是指人们心理负担过重的情况下，倾向于做出自己最不愿意做的事情的现象。比如，很多人在高尔夫球场面对中间的池塘时，内心会默念“这次最好别发挥失常，否则又要下水”，结果接二连三地击球下水。这种现象就是逆效应。通常逆效应不是主动产生的，而是过度补偿的结果。因此，教练在指导高尔夫球运动员进行训练时，不应用语言指导击球“过了”或“短了”，可以指导高尔夫球运动员在击球前应该看哪儿，等等。

（二）内部注意和外部注意

内部注意倾向于关注自身动作行为变化，比如，挥杆时要保持肘关节伸直。外部注意倾向于关注外部环境，如旗杆的位置、球道的障碍等。对于技术成熟的优秀高尔夫球运动员来讲，当完成一个习得性技术时，与内部注意相比，采用外部注意更有利于成绩发挥，而采用内部注意可能会破坏运动技能的动作自动化。对于技术动作不熟练的初学者而言，在学习训练过程中，采用内部注意和外部注意相结合更有利于成绩进步。世界级优秀运动员更倾向于选择外部注意。

六、提高专注力的训练方法

（一）合理的心理定向

1. 过程定向。专注于比赛过程，而非比赛结果。

2. 当前定向。专注于当前面临任务，而非已产生的结果或将要发生的事情。

3. 主体定向。专注于自身能掌控的思维行动，而非天气、对手、场地等难以控制的因素。

（二）思维阻断训练

思维阻断训练是一种心理训练技术，旨在帮助运动员管理干扰性思维，尤其是那些在比赛中可能引发焦虑、分散注意力或影响表现的负面或自我怀疑的思维。这种训练方法涉及识别这些干扰性思维，并通过一系列的步骤有意识地阻断它们，以促进更为正面和集中的思维模式。

思维阻断的核心在于使用"停止信号"——可以是一个声音、一个动作或一个强烈的视觉图像，来打断并替换正在经历的消极思维。这种方法的有效性在于能够训练运动员在意识到负面思维时迅速反应，从而防止这些思维占据主导地位并影响表现。

在高尔夫球等技术要求高的运动中，运动员可能会在比赛关键时刻经历自我怀疑或对过去失误的过度反思。通过应用思维阻断训练，运动员可以更好地控制这些情绪，专注于当前的任务，从而提高运动表现。

专注力控制是防止运动员陷入焦虑和自我怀疑的一种技巧。运用专注力来阻断消极思想并集中注意于积极思想的能力是非常重要的。消极思想是可以被取代的。当出现消极思想时，首先要采用深呼吸来集中注意力，能够使肌肉放松和注意力重新集中到任务中。其次，将注意力集中到外部线索。比如，将注意力由洞杯转移到洞杯边沿。最后，一旦有了很好的注意控制感，立即施展动作技能。

（三）静眼训练

高尔夫球运动员在做关键动作前，静眼时间越长，注意力越集中，运动表现也会越好。静眼训练是一种基于视觉注意力控制的训练方法，旨在提高运动员在执行精确技能时的专注力，进而提高运动表现。这种训练方法起源于视觉认知心理学，特别关注运动员在做技能动作之前和过程中的视线稳定性和持续时间[57]。静眼期是指在最终动作执行前的一段时间内，视线锁定在一个或几个与特定任务相关的视觉标记上。较长的静眼期与更高的运动表现水平相关联。

静眼训练主要用于提高那些需要高度精确控制的技能，如高尔夫球推杆、射箭、射击和各种球类运动的精准投掷等。在高尔夫球运动中，静眼训练可以帮助运动员在推杆时减少外界干扰，增强对击球点和力度的控制，从而提高击球的准确性和一致性。

静眼训练的方法包括使用视频反馈和进行特别设计的训练，比如，让运动员在击球前注视球和目标，以此延长静眼期。通过反复训练，运动员能够在比赛中自然地应用这一技能，从而在关键时刻表现得更加冷静和集中。

（四）秒表训练

秒表训练是一种用于提升运动员时间感知能力和时间控制能力的心理训练技术。这种方法利用秒表来帮助运动员在进行训练或比赛时，更精确地控制和预测动作执行所需的时间。特别在高尔夫球等需要精确动作节奏和时间控制的运动中，秒表训练能有效帮助运动员优化他们的动作时序和节奏感。

秒表训练的核心在于通过重复训练与时间反馈的结合，使运动员能够内化所需执行任务的理想时间。例如，在高尔夫球推杆训练中，教练可能要求运动员在特定的时间内完成推杆动作，并使用秒表实时提供反馈，帮助运动员调整其动作速度，以适应理想的推杆节奏[58]。这种方法不仅增强了运动员对时间的敏感性，还有助于提高动作的自动化程度，减少在高压比赛情境下的认知负荷。

秒表训练在运动训练中，特别是在需要精确时间控制的运动项目中，已被证明可以提高运动员的表现和自信心。此外，这种训练方法还有助于运动员在实际比赛中更好地管理和分配自己的体能和注意力资源。

（五）模拟干扰环境训练

模拟干扰环境训练是一种在心理训练中常用的方法，旨在通过模拟比赛中可能遇到的干扰因素，帮助运动员提高在压力和不利情况下的表现能力。这种训练方法基于压力接触理论，该理论认为通过在控制的环境中逐渐增加压力因素，运动员可以学会应对实际比赛中的类似压力[59]。

在高尔夫球运动中，模拟干扰环境训练包括在训练场地设置噪声干扰、观众干扰、不利天气条件等，以此模拟比赛中可能遇到的干扰。这种方法不仅可以提高运动员的专注力，还可以增强他们在各种外部干扰下保持冷静和执行技术动作的能力。

模拟干扰环境训练的效果已被多项研究所证实。在篮球罚球训练中应用模拟干扰环境训练可以有效提高运动员在实际比赛中的表现，尤其是在高压情况下。模拟干扰环境训练是一种有效的训练方法，能够帮助运动员更好地应对比赛中的压力和干扰，提高竞技表现[60]。

（六）明确赛训任务

在训练和比赛中，明确赛训任务是指确保运动员完全理解他们在训练和比赛中所需执行的具体任务和期望的行为标准。这一概念强调为运动员提供清晰、详细的指导，以便他们能够知道如何准备和执行特定的技能或策略，从而提高训练效果和比赛表现。

明确的赛训任务有助于运动员集中注意力，减少不确定性和焦虑，同时增强动机和自信心。当运动员清楚自己的目标和执行路径时，他们更有可能投入训练，有效地利用时间，并在比赛中达到最佳状态。例如，在高尔夫球训练中，教练可能会明确指定每个训练的目的，如调整挥杆动作、提高推杆精度或增强心理稳定性。

已有研究发现，当运动员对所执行的任务有明确理解时，他们的技术执行更精准，心理压力更低，且更能在比赛中发挥出最佳水平[60]。此外，明确的赛训任务还能促使运动员和教练之间建立更有效的沟通，有助于教练更准确地评估运动员的进步并进行必要的调整。

（七）保证充足睡眠

充足睡眠指的是质量和数量上满足个体生理和心理恢复需求的睡眠。

保证充足睡眠在运动员的训练和恢复过程中扮演着至关重要的角色。对于青少年高尔夫球运动员而言，充足的睡眠不仅对身体机能的恢复至关重要，也对心理健康、认知功能和总体运动表现有深远影响。

根据睡眠研究，成年人的推荐睡眠时间为每晚 7~9 小时，青少年由于处在生长发育的关键期，他们的推荐睡眠时间为每晚 8~10 小时[61]。充足的睡眠可以促进身体组织的修复、激素的平衡，同时对心理状态如情绪调节、压力应对等也有积极作用。睡眠不足会影响决策能力、反应时间、学习和记忆能力，而这些都是高尔夫球运动中表现出色所必须具备的心理和认知能力[62]。

保证充足的睡眠包括采取有效的睡眠卫生措施，比如，保持规律的睡眠时间表，创建适宜的睡眠环境，避免睡前使用电子设备，等等。针对高尔夫球运动员，教练应强调睡眠对于运动表现和恢复的重要性，并帮助他们设计适合自己的睡眠策略。

（八）正念冥想

正念冥想的核心在于通过训练帮助个体在当下时刻以非评判的方式保持对自己的思想、身体感受和周围环境的觉察。这种训练源自古代的禅宗冥想，但在现代心理学中被应用于多种心理和生理健康的场景，包括运动表现的提升。

正念冥想通常涉及几个基本步骤：找到一个安静的环境，采取舒适的坐姿，闭上眼睛，深呼吸，并将注意力集中在呼吸或特定的身体部位上。当注意力被其他思想或外界刺激分散时，运动员被引导观察这些干扰而不进行评判或反应，然后温和地将注意力引导回呼吸或选择的焦点上。

在体育领域，特别是对青少年高尔夫球运动员来说，正念冥想常被用来提高专注力，减少比赛焦虑，提升运动表现。定期的正念训练有助于运动员在压力大的比赛环境中保持冷静，提高决策质量，以及更有效地管理比赛中的情绪波动[63]。正念冥想还被用来提高个人对当前活动的认知和身体感受，有助于增强运动技能的学习和执行。通过这种方式，青少年高尔夫球运动员可以更深入地了解自己在运动中的表现，从而实现技术和心理上的优化。

（九）目标设定

目标设定是心理学和体育训练中使用的一种策略，旨在通过明确、具体的目标来增强个体的动机，并提高任务或技能的执行效率和效果。在体育领域，目标设定被视为提高运动员表现水平的关键技术之一。有效的目标设定不仅可以提高运动员的积极性，还可以帮助他们在训练和比赛中集中注意力和进行自我调节。

目标的有效性通常受到几个关键因素的影响：目标的难度、目标的具体性、任务的复杂性、个体的承诺以及收到的反馈。目标应该具有挑战性，但同时又是可实现的，具体且清晰，这样才能最大程度地激励个体。例如，在高尔夫球训练中，教练可以为运动员设定短期和长期目标，如改进特定击球技术的精确度或在赛季末取得一定的比赛成绩。其中，使用SMART（Specific，Measurable，Achievable，Relevant，Time-bound）原则设定的目标特别有效。这种方法强调目标应该是具体的（Specific）、可以衡量的（Measurable）、可达到的（Achievable）、相关的（Relevant），并且具有明确的时限性（Time-bound）。另外，目标设定还应该包括正式的评估过程，以确保运动员可以在实践中学习和调整，这对于维持其动机和持续改进至关重要。

（十）可视化训练

目标可视化训练，通常简称“可视化训练”，是一种心理训练技巧，通过心理想象来提高运动员的学习技能和比赛表现。这种训练涉及运动员在心理上系统地重现或预演他们即将面对的运动场景，包括肢体动作、场地环境、比赛气氛以及其他感官体验[64]。运动员通过在脑海中创建清晰、详细的成功体验的图像，提高自身的学习技能和比赛表现。可视化训练有助于提高运动员的专注力，增强自信心，减少比赛压力。它是一种非常灵活的训练，可以在实际训练和比赛前的准备中随时进行。有效的可视化训练需要清晰地细化每个动作的技术细节，以及相关的感官体验，如视觉、听觉和触觉感受[65]。

在高尔夫球运动中，可视化训练尤为重要。例如，高尔夫球运动员在进行推杆前，可以在脑海中想象自己准确读取果岭、正确判断距离、执行完美的挥杆，并看到球顺利进洞的过程。这种精神训练有助于他们在实际比赛中更加自信和放松，提高表现的一致性。

（十一）呼吸训练

呼吸训练是一种广泛应用于体育运动和心理调节中的技术，特别是在高尔夫球等需要高度精神集中的运动中。这种训练方法侧重于通过控制呼吸模式来影响运动员的生理和心理状态，从而提升运动表现和减少压力。

在运动表现中，呼吸训练主要通过调节自主神经系统来增强心理韧性和专注力。人的呼吸速率和深浅直接影响心率和血压。系统的呼吸训练有助于降低心率，减少肌肉紧张，提高血氧水平，这些变化可显著提升运动员的镇静度和执行力。呼吸训练的常见方法包括深呼吸、腹式呼吸等。例如，在高尔夫球运动中，运动员可在击球前进行几次深呼吸，以稳定情绪和集中注意力。腹式呼吸，即通过腹部扩张而非胸部来增加肺部的空气容量，是另一种常用的技术，它可以提高氧气的吸收效率和放松身体。

呼吸训练不仅有助于运动员在赛前做好身心的准备，也是他们在比赛中遇到挑战时重新提升专注力的有效方法。通过长期的训练和应用，运动员可以将这些技巧内化为自然反应，以优化他们在运动竞赛关键时刻的表现。

第五节 压力应对

压力条件下的运动表现是运动心理学关注的重要研究领域之一，尤其是在竞赛中。压力会对运动员的体育经历和运动表现造成重大的影响。据统计，大概有三分之一的运动员长期遭受压力困扰。

一、概念

压力应对是个体在面对生理或心理压力时所采用的行为和心理策略。这些策略旨在管理或减轻由内部或外部压力源所引起的负面情绪和生理反应。在高尔夫球运动中，有效的压力应对是至关重要的，因为它可以影响运动员在训练和比赛中的表现及其整体心理健康[66]。

二、理论基础

压力应对理论主要基于拉扎勒斯（Lazarus）的应激与应对理论。该理论认为，应对行为是个体在特定压力情境下试图调整自己的情绪的过程[67]。应对策略分为两大类：面向问题的应对（寻求解决问题的方式）和面向情绪的应对（试图减轻压力带来的情绪不适）。有效的应对通常需要这两种策略的结合，特别是在竞技体育中，运动员需要调整自己的行为以适应比赛的要求，同时管理自己的情绪以维持最佳表现状态[68]。

三、常见压力症状

常见压力症状如下：

1. 生理上：心率增加，血压升高，过度出汗，呼吸加快，肌肉紧张，嘴巴发干，尿频，喉咙哽住，肾上腺素浓度增加，流向皮肤的血液减少，吸氧量增加，血糖升高，瞳孔放大，失眠。

2. 心理上：不知所措，无法清晰思考，感到困惑，易受干扰，无法集中注意力，感觉不受控制，注意范围变窄，消极想法增加，犹豫不决，自我怀疑和冷漠。

3. 行为上：语速较快，咬指甲，肌肉痉挛，跺脚，来回走动，打哈欠，满面愁容，身体发抖，常眨眼睛，眼神无法交流，口吃，快速而紧张地讲话。

四、压力误区

竞争会造成额外的压力，但若运动员具备有效处理压力的技能，那么竞争不会导致压力增加。

压力由生理反应和心理反应组成，尤其是在面对竞争情形时，如生理上的心跳加速、呼吸急促、手心流汗、胃部痉挛等，心理上的注意力分散、想法过多等。但是，相同的问题也有可能产生积极效果，促进高尔夫球运动员竞技水平的发挥。

五、压力应对良好的表现

在高尔夫球运动中，压力应对良好的表现包括：

1. 控制情绪。运动员能有效管理比赛中的情绪波动，保持冷静和专注。

2. 做出适应性决策。面对不利情况时，能迅速做出合理的战术调整。

3. 迅速恢复。能从失误中迅速恢复，不让失误影响到后续的表现。

4. 进行积极的自我对话。在压力情境下，保持积极的自我对话，提高自我效能感。

5. 保持高水平的动机和努力。尽管面临压力，仍能保持高水平的动力和努力。

六、压力应对不足的表现

在高尔夫球运动中，压力应对不足可能导致以下表现：

1. 情绪失控。在比赛中易怒或焦虑，无法有效控制情绪。

2. 决策失误。在压力下无法做出合理决策，可能表现出过于冒进或过于保守的行为。

3. 恢复能力差。对失误或不利情况反应过度，难以在短时间内恢复正常表现。

4. 消极对话。内心对话消极，可能增加自我怀疑和信心丧失。

5. 动机下降。面对挑战和压力时，动力和努力水平明显下降[69]。

七、提升压力应对能力的训练方法

在高尔夫球运动中，提升压力应对能力的训练方法包括：

1. 认知行为训练。通过认知重构技术改变运动员对压力情境的看法，帮助他们发展更加积极的应对策略。

2. 技能训练。通过模拟高压情境，训练运动员在这些情境下的技能和决策，以提高其在真实比赛中的应对能力。

3. 放松训练。教授运动员各种放松技术，如深呼吸、渐进性肌肉放松或正念冥想，以帮助他们在压力下保持冷静。

4. 心理弹性培养。通过挑战性训练和心理辅导增强运动员的心理恢复力和适应力。

5. 支持系统建设。建立一个支持性的社会环境，包括教练、同伴和家庭的支持，这是帮助运动员有效应对压力的重要资源。

第六节　情绪周期

一、概念

情绪周期指的是运动员在训练和比赛过程中经历的情绪波动模式。这种周期性的情绪变化可能由多种因素引起，包括比赛压力、个人期望、外部环境和个人生活事件等。情绪周期的管理对于青少年高尔夫球运动员尤为重要，因为情绪的稳定性直接影响到他们的注意力集中、决策能力和最终表现[70]。

二、理论基础

情绪周期的理论主要来源于哈宁（Hanin）的情绪状态理论，该理论通过“个人最佳功能区”（IZOF）模型解释了运动员在不同情绪状态下的表现。IZOF模型指出，每个运动员都有一个使其表现最佳的情绪区间，过高或过低的情绪激动都可能导致表现下降[70]。此外，拉扎勒斯（Lazarus）的应激与应对理论也为理解情绪周期提供了框架，强调了认知评估在情绪反应形成中的作用[67]。

三、情绪良好表现

高尔夫球运动员的情绪良好表现通常包括以下几个方面：

1. 情绪控制能力强。能有效管理比赛中的紧张和焦虑，保持冷静和专注。

2. 情绪恢复快。即使遇到挫折，也能迅速调整情绪，维持稳定的表现。

3. 正面情绪的持续。在训练和比赛中保持积极和乐观的态度，这有助于提高自我效能感和动力。

4. 情绪与表现同步。能够在关键时刻调动正面情绪，以提高表现水平。

四、情绪不良表现

在高尔夫球运动中，情绪不良可能表现在：

1. 情绪波动大。情绪波动频繁且剧烈，影响比赛前的准备和比赛中的决策。

2. 情绪管理能力差。面对压力和挑战时，容易产生消极情绪，如恐惧、愤怒或挫败感，且难以自我调节。

3. 情绪对表现具有负面影响。在情绪不佳时，技术执行和战术决策常受到影响，表现不稳定。

4. 情绪恢复能力差。一旦情绪受挫，需要较长时间恢复到正常比赛状态[71]。

五、情绪循环周期

与人的生理周期一样，心理同样存在明显的周期性，有高峰期、平稳期和低谷期。通常情况下，人的情绪周期是28天一循环。认知周期是33天一循环。比如，很多高尔夫球运动员会出现有一段时间感觉心情状态不错，而有一段时间则情绪低迷，烦躁、不安、焦虑等现象。

六、不同情绪周期特征

情绪周期极大影响高尔夫球运动员的运动感觉。当高尔夫球运动员在情绪高峰期时，表现为情绪高涨、积极热情、思维敏捷、反应迅速、身心激活水平高、体力充沛、专注力高、专注时间长、自信心强；而在情绪低谷期时，则易出现悲观、注意力分散、反应迟钝、体能差等现象。情绪高峰期和低谷期对球感的影响较大，当高尔夫球运动员处于高峰期时，会感觉球感良好，充满信心；当高尔夫球运动员处于低谷期时，身心激活水平低，易产生疲劳感，球感差，动作流畅性差，无法有效感知身体动作细节，手部发力明显。

七、情绪周期调整

情绪周期是可以可根据竞赛需求，通过特定的训练方法调整和改善的。在高尔夫球运动员的心理训练中，尤其是在备赛周期中，教练应关注高尔夫球运动员的情绪周期，并根据比赛具体时间，通过心理训练的方式对其情绪进行调整，使他们在比赛过程中的情绪处在高峰期。

八、高效调节情绪的训练方法

高效调节情绪的训练方法对于提升运动员的表现水平至关重要，尤其是在需要极高心理控制的运动中，如高尔夫球运动。以下是一些有效的情绪调节训练方法：

1. 正念冥想。正念冥想是通过全神贯注于当前的感受、思绪和身体状态，而非评判这些体验，来提升个体对自己情绪的意识和管理能力的方法。这种训练有助于运动员更好地认识到自己的情绪状态，并学会在压力情况下保持冷静。

2. 呼吸训练。控制呼吸不仅可以直接影响身体的放松状态，也有助于情绪调节。深呼吸、缓慢呼吸和腹式呼吸等技巧可以帮助运动员在紧张或焦虑时稳定情绪。

3. 情绪智力训练。情绪智力训练涉及识别、使用、理解和管理情绪的能力。通过增强情绪智力，运动员可以更有效地识别自己和他人的情绪，从而适当地调整自己的行为。

4. 认知重构。认知重构是一种心理技巧，旨在帮助运动员识别和改变那些导致情绪困扰的负面思维模式。通过认知重构训练，运动员可以学习以更积极的视角看待挑战。

5. 情绪释放活动。有时，适当的情绪释放可以帮助运动员处理压抑的情绪。运动、写日记、艺术创作或与信任的人交谈都是有效的情绪释放方式。

6. 目标设定。设定明确且现实的短期和长期目标可以帮助运动员保持动力和积极心态。这种训练方法有助于运动员将焦点集中在可以控制的行动上，而不是无法控制的结果上。

7. 情景模拟。通过情景模拟或角色扮演，运动员可以在一个可以控制的环境中训练应对压力或负面情绪的策略。这有助于他们在实际比赛中遇到相似情况时更好地应对。

8. 心理辅导和支持。定期与心理专业人士会面，可以帮助运动员理解并改进他们的情绪调节策略。心理专业人士可以提供个性化的反馈和指导，帮助运动员应对特定的情绪挑战。

9. 反馈和自我反思。运动员应定期反思自己的情绪状态和表现，识别那些有效或无效的情绪调节策略。教练和队友的反馈也是宝贵的资源，可以帮助运动员从外部获得洞察。

第七节　情绪控制

一、概念

情绪控制，也称为情绪调节，是指个体对自己的情绪状态进行有意识的影响和调整的能力，包括识别、理解、表达和调整情绪反应以适应环境和达成目标的能力。在高尔夫球等运动中，情绪控制尤为关键，因为运动员必须在压力大的比赛环境中保持冷静和集中，才能发挥最佳水平[50]。

二、理论基础

情绪控制的理论基础可以追溯到格罗斯（Gross）的情绪调节过程模型，该模型描述了情绪调节的五个阶段：情景选择、情景改变、注意力部署、认知改变和响应调制。这些阶段涵盖了从情绪产生前的预防措施到情绪产生后的响应控制[50]。此外，拉扎勒斯（Lazarus）的应激与应对理论也为情绪控制提供了框架，强调了认知评估在情绪反应形成中的作用，并区分了面向问题的应对和面向情绪的应对[67]。

三、紧张情绪的积极作用

情绪紧张的积极作用有：集中注意力；快速动员全身能量，使血流更快流向四肢；增加力量，提高速度和耐力；使疼痛感和疲劳感减轻。适当的紧张有利于训练和比赛中水平的发挥。

四、紧张情绪的消极作用

情绪紧张的消极作用有：注意力转移困难，思维灵活性变差，肌肉精细控制能力下降。

五、情绪控制良好的表现

情绪控制良好的高尔夫球运动员通常有以下表现：

1. 冷静应对压力。即使在比赛的高压环境中，也能保持冷静，有效管理焦虑和紧张。

2. 快速恢复平衡。在遭遇不利情况后能迅速调整情绪，恢复正常表现。

3. 积极情绪维持。在整个比赛过程中保持积极乐观的心态，即使面临挑战也能保持正面情绪。

4. 情绪与表现一致。能够在关键时刻利用情绪的激励作用，提高表现水平。

5. 有效地表达情绪。能够有效地表达情绪，使情绪成为推动表现的积极因素。

六、情绪控制不良的表现

情绪控制不良的高尔夫球运动员可能会有以下表现：

1. 情绪波动。在比赛中情绪波动大，易受挫折或压力影响。

2. 过度情绪化。在关键时刻无法控制情绪，如表现出愤怒、失望或沮丧，这些情绪反应可能干扰正常表现。

3. 恢复能力差。在遇到挑战或失败后，难以从负面情绪中恢复，影响持续表现。

4. 消极情绪持续。无法摆脱持续的消极情绪，如恐惧、紧张或焦虑，长时间处于被动应对状态。

5. 情绪传染。负面情绪会影响团队氛围，降低团队整体表现和士气[66]。

七、情绪控制的训练方法

在高尔夫球运动中，情绪控制的训练方法如下：

1. 表象调节。在脑海中回忆重现过去获胜的最佳表现，感受当时的身体情绪状态，以此来增强比赛信心。表象调节训练能够刺激神经系统和呼吸系统，促进全身血液循环。

2. 面部调节。情绪状态与面部表情密切相关，当意识到紧张时，尝试微笑，辅以深呼吸。

3. 活动调节。当过度紧张时，可进行强度小、幅度大、节奏慢的动作训练，来降低情绪的兴奋性，消除过度紧张。当情绪低沉时，可采用一些强度大、幅度小、节奏快的动作训练，如小碎步跑、小幅度高抬腿等训练，以提高兴奋性。

4. 做好赛前准备。认真详细地做好比赛方案，预判可能发生的所有突发事件。这有利于缓解紧张情绪。

5 自我暗示。采用积极语言暗示自己保持镇定。比如，内心默念“我放松”、“我冷静”、“我镇定”以及“坚持就是胜利”。

6. 避免赛中逆效应。避免使用“别紧张”“千万别失误”等语句，因为人进行思维抑制时，关注点会无意识地、自动地落在消极线索上，而且压力越大，逆效应会越明显。可以将“别紧张”改为“我放松”，将“千万别失误”

改为“相信我能顺利完成”。

7. 接纳失败，寻求情绪宣泄。胜败是运动员常有之事。首先，要学会接纳失败。其次，要选择合适的宣泄口，如哭泣、大喊、写日记或找人倾诉。

8. 运用认知行为技术。认知行为技术能够帮助运动员识别和改变那些导致情绪困扰的负面思维模式。通过运用这种技术，运动员可以学习如何将消极思维转化为更积极、更实际的思维，从而改善情绪反应和整体表现[60]。

9. 正念训练。正念训练涉及在接受和意识到当前经验的基础上进行注意力控制。这种方法可以帮助运动员客观地观察自己的情绪，而不是被情绪所左右，从而能够更有效地管理情绪波动。

10. 情绪智力训练。情绪智力包括识别、使用、理解和管理自己和他人的情绪的能力。通过增强情绪智力，运动员可以更有效地理解和调节自己的情绪，同时也能更好地理解他人的情绪状态。

11. 运用生物反馈技术。生物反馈是一种使用电子设备来教人如何通过调节大脑活动、心率、肌肉紧张度等生理过程来控制身体功能的方法。对于高尔夫球运动员而言，特别是在训练他们如何在压力情境下保持冷静和集中时，这种方法被证明特别有效[72]。

12. 运用情绪释放技巧。情绪释放技巧可以作为释放累积情绪压力的有益工具。对于经常处于高压竞赛环境的运动员来说，这些技巧特别有助于减少焦虑和紧张[73]。

第八节　球感培养

一、概念

球感，指的是运动员通过视觉、触觉和运动感知与球及其运动状态建立的感觉连接和理解。球感不仅包括对球的控制能力，也包括预测球的路径、速度和结果的能力。在高尔夫球运动中，球感是指挥和控制球的能力，以达到预期的精确度和一致性[74]。

二、理论基础

球感的理论基础主要是自动作学习理论和感觉运动学习理论。根据动作学习理论，运动技能的获取是通过重复和训练，逐渐从认知阶段转变到自动化阶段的过程[75-124]。感觉运动学习理论强调通过感觉反馈来优化动作执行和实现技能自动化，特别强调视觉和触觉反馈在动作调整中的作用[125]。球感的培养需要通过不断训练，加强神经肌肉的协调，提高动作感知的反应链。

三、球感良好的表现

具备良好球感的高尔夫球运动员通常有以下表现：

1. 高精度控球。能够准确控制球的飞行路径、距离和落点。

2. 保持一致性。在各种打击条件下保持稳定的表现。

3. 拥有快速适应的能力。能迅速适应不同的场地、气候和比赛压力，调整技术以适应环境变化。

4. 高度协调。动作流畅自然，有效利用身体各部分力量以优化击球效果。

5. 拥有敏锐的预判能力。对于球场的变化和球的反应有敏锐的感知，能够预测并准确应对。

四、球感不良的表现

球感不良的高尔夫球运动员可能有以下表现：

1. 控球不准。常常无法控制球的飞行方向和距离，导致频繁的失误。

2. 表现波动。在不同的比赛或训练中表现出显著的不一致。

3. 适应性差。对环境变化的适应慢，难以快速调整技术。

4. 动作僵硬。击球时动作不协调，不能有效利用身体力量。

5. 预判能力弱。对球场的理解和球的反应能力较差，经常做出错误的判断。

五、球感培养的基础

（一）基本技术训练是培养球感的基础

长期规范的基本技术训练是建立神经肌肉反馈，培养球感的基础。没有规范的基本技术训练，很难建立合理、稳定且高效的球感。

无论是挥杆技术还是推杆技术，都需要高尔夫球运动员对挥杆幅度、挥杆速度、身体角度、动作节奏拥有良好的感觉和知觉，这些因素共同影响球感的好坏。比如，在短切杆训练中，规范合理的技术动作是通过身体的上杆幅度决定击球距离的，但如果在训练中不注重身体上杆幅度的训练，就可能用手的力量控制上杆幅度和挥杆力度，这会给击球质量和效果带来较大的不稳定性，尤其在身体疲劳的情况下。

（二）及时反馈是培养球感的手段

球感训练受全身神经系统和肌肉系统的双重支配和影响，针对不同的击球距离，所采取的不同挥杆幅度的身体感知训练尤为重要。为了提高感知训练效率，教练应借助身体感知训练设备或者身体感觉提示，针对高尔夫球运动员的每次身体感知训练，及时提供反馈，让高尔夫球运动员建立正确的击球距离与身体运动幅度间的对应关系，并在此基础上进行强化训练。

（三）加强自主球感意识训练

高尔夫球运动是一项精细运动，高尔夫球运动员应养成良好的独立球感训练意识，加强自主球感意识训练，用心感受每次动作之后的身体感觉，并尝试总结出动作的优点与不足。在自主训练过程中，强调把注意力放在身体感觉和既定的运动策略上，而非模仿他人的动作或习惯。用心体会每一次挥杆过程中的身体感觉。比如，在上杆到顶点位置时，因转体不充分而上杆不够，针对这种情况，可采用分解训练法帮助高尔夫球运动员找到上杆至顶点的最佳位置，并提醒运动员注意这一时刻的胸椎旋转感觉、左右肩关节感觉、手腕关节感觉等，同时多次重复强化上杆至顶点的最佳位置训练。

六、球感训练方法

基础心理训练是高尔夫球运动员心理发展的第一步。为了在比赛中取得更好成绩，需要进行专业系统的专项心理训练。

1. 靶向训练。靶向训练是通过设置具体的目标区域来提升高尔夫球运动员的精确度和控球技术的。这种类型的训练强调在不同距离和不同条件下的精准打击，有助于高尔夫球运动员增强对杆的控制感和提高对球路线的预判能力。

2. 变化条件训练。为了增强高尔夫球运动员的适应性和球感，教练应设计在变化的环境条件（如不同的风向、湿度和地形）下开展训练。这样的训练可以帮助高尔夫球运动员学会在多种外界条件下调整自己的技术和策略，提高整体球感。

3. 感觉隔离训练。感觉隔离训练，如闭眼挥杆，可以迫使高尔夫球运动员依赖于身体的感觉而非视觉信息来执行技术动作。这种训练有助于提高肌肉记忆和对身体动作的内在感知，从而提升球感[126]。

4. 使用高科技训练辅助工具。现代高科技设备，如模拟器和运动分析软件，可以提供即时反馈，帮助高尔夫球运动员更好地理解自己的击球动作和球的飞行轨迹。通过这种精确的反馈，高尔夫球运动员可以更细致地调整自己的动作，以提高打击的精度和一致性[127]。

5. 心理视觉训练。心理视觉训练强调通过视觉刺激来改善运动员的反应速度和动作精确性。这种训练通常涉及跟踪移动物体和预测其路径，对于提高高尔夫球运动员的预测能力和球感极为有用[128]。

第五章　高尔夫球专项心理训练

第一节　培养冠军心态

优秀高尔夫球运动员通常有这样的心理品质：无论发挥好与坏，无论面对多大困难和挫折，都能够自信地处理危机和困难，始终相信自己，永远充满自信!

一、概念

冠军心态是指运动员在高压竞技环境中展现出的一种心理状态，它包括积极的自我认知、坚韧不拔的意志力以及面对挑战时的坚定决心。在高尔夫球运动中，冠军心态尤为关键，因为它涉及如何在长时间的比赛中保持注意力集中、如何处理失败以及如何在压力之下实现最佳运动和竞赛表现[129]。

二、理论基础

培养冠军心态的理论基础可以追溯到自我效能理论。该理论认为，个体对自己能够成功完成某项任务的信念是影响其表现的关键因素。此外，德韦克（Dweck）的心态理论也对冠军心态的理解提供了框架，其区分了固定心态和成长心态，强调成长心态的个体更能够在挑战和失败面前保持积极和开放的态度。这些理论为高尔夫球运动员培养和维持冠军心态提供了心理学支持[130]。

三、冠军心态的具体表现

具备冠军心态的高尔夫球运动员通常会有以下具体表现：

1. 拥有高度的自我效能。坚信自己能够在比赛中表现出色并应对各种挑战。

2. 积极应对压力。能够将比赛的压力转化为提高表现的动力。

3. 从失败中学习。将失败视为学习和成长的机会，而非灾难。

4. 情绪稳定。在比赛中能够有效管理情绪，保持冷静和专注。

5. 保持持续的动机和承诺。对于训练和比赛始终保持高度的热情和承诺。

四、培养冠军心态的训练方法

为了让高尔夫球运动员具备冠军心态，可以采取以下训练方法：

1. 目标设定。教练应帮助运动员设定具体、有挑战性且可达成的目标，并定期评估和调整这些目标。

2. 正向心理训练。通过积极的自我对话和正念冥想，增强自我效能和提高应对压力的能力。

3. 反思和日志记录。鼓励运动员记录训练和比赛的体验，反思成功和不足，以提升自我认知和学习经验。

4. 压力管理训练。通过模拟比赛中的压力情景，训练在高压环境下保持冷静和取得最佳的竞赛表现。

5. 心理弹性培养。通过挑战困难训练，增强运动员的心理弹性，使其能够更好地适应比赛中不可预见的状况[131]。

第二节　建立良好的挥杆程序

一、概念

在高尔夫球运动中，建立一个良好的挥杆程序是指通过一系列系统的训练方法，使运动员能够在各种比赛情况下重复执行技术正确、效果一致的挥杆动作。良好的挥杆程序不仅包括挥杆的动作技术，还涉及心理准备、目标设定和挥杆前的例行程序，这些都是影响击球结果的关键因素。

二、理论基础

建立良好挥杆程序的理论基础主要是运动学习理论和认知心理学。根据运动学习理论，技能的习得需要通过大量的重复训练，从而从认知阶段过渡到关联阶段，最终达到自动化阶段[96]。认知心理学中的程序理论强调在高压情境下，运动员可以通过例行程序来自动执行技能，减少认知负荷，提高表现的一致性和稳定性[66]。

三、建立良好挥杆程序的具体表现

建立良好挥杆程序的高尔夫球运动员通常会有以下具体表现：

1. 保持一致。在不同的比赛环境和条件下，能够保持挥杆动作的一致性和精确度。

2. 保持高效。挥杆动作经济、高效，无多余动作。

3. 自动化程度高。在比赛压力下，依然能够自动执行挥杆动作，减少过度思考带来的干扰。

4. 心理稳定。在执行挥杆程序时，心理状态稳定，能有效控制紧张和焦虑。

5. 适应性强。能够根据场地条件和比赛需求快速调整挥杆策略和技术。

四、建立良好挥杆程序的训练方法

在高尔夫球运动中，为了有效建立良好的挥杆程序，可以采取以下训练方法：

1. 分阶段训练。将挥杆动作分解为多个小步骤，逐步训练，直到整体动作可以流畅连贯地执行。

2. 建立心理例行程序。帮助高尔夫球运动员在挥杆前建立一套固定的心理例行程序，如调整站姿、深呼吸和目标锁定，以提高挥杆的自动化水平和做好心理准备。

3. 模拟训练。在接近比赛环境的条件下进行训练，以提高高尔夫球运动员的适应性和压力下的表现能力。

4. 视觉和感觉反馈。利用视频回放和教练的反馈来调整和优化挥杆技术动作，增强运动员的动作感知和自我调节能力[126]。

5. 压力训练。通过设置比赛中可能遇到的压力情境，训练运动员在压力下维持挥杆程序的稳定性和效果[132]。以挥杆为例，在日常训练中，注重培养高尔夫球运动员规范的击球程序，并将该程序执行到比赛实战中。固定的击球流程和习惯有助于缓解身心紧张，有助于保持正常的挥杆节奏。

6. 挥杆击球之前。有意识地进行深呼吸，采用鼻吸口呼的方式。

7. 挥杆击球时。教练引导并帮助高尔夫球运动员将注意力集中在一个点上，可以是身体感觉、击球目标、球杆轨迹等，这将有助于提高控球能力！

8. 挥杆击球之后。坦然接受一切已经发生的结果，引导高尔夫球运动员在下场前预测可能会发生的所有不良结果。高尔夫球运动员提前建立心理准备并学会坦然接受结果，有利于情绪的稳定。

第三节　预判可能后果

高尔夫球运动员应进行充分的赛前准备工作，包括但不限于对可能的失误、可能的挑战、突然事件、最坏的结果等的预判。预判一切可能发生的结果，能够有效提高高尔夫球运动员的专注力，即便遇到最差的情况，也能较大程度减轻心理波动。

一、概念

预判可能后果是指高尔夫球运动员在执行任何动作之前评估和预测可能的结果和后果的能力。这种能力不仅依赖于运动员的经验和先前知识，还涉及对即将发生事件的直觉和洞察力。在高尔夫球竞赛中，这种能力尤为重要，因为它影响运动员在不同球场环境和比赛压力下的策略选择和决策[133-136]。

二、理论基础

预判可能后果的理论基础主要是信息加工理论。该理论认为，运动员通过对环境中的信息进行有效加工来做出反应和决策。信息加工过程涉及感知信息的选择、信息的解释、反应的选择和执行[134]。该理论指出，运动员通过积累经验形成关于特定运动情境的模式库，从而能够快速识别情境并预测结果[137]。

三、预判可能后果的具体表现

在高尔夫球运动中，预判可能后果的具体表现通常包括：

1. 准确判断。运动员能够准确判断球场的具体条件（如风向、湿度、地形等）对球和运动员行为的影响。

2. 策略调整。根据比赛中的具体情况调整打球策略，如选择合适的球杆和调整击球力度。

3. 风险评估。能够有效评估各种打法的风险与回报，做出最合理的决策。

4. 预测对手策略和行为。在比赛中能预测对手的可能策略和行为，提前做好应对准备。

四、培养预判可能后果能力的训练方法

针对高尔夫球运动员培养预判可能后果能力的训练方法包括：

1. 模拟训练。通过模拟不同的比赛场景，让运动员在多变的环境中进行决策训练，以提高他们的适应能力和预判能力。

2. 视频分析。利用视频回放分析过往训练和比赛，让运动员学习如何在类似情况下做出快速准确的判断。

3. 专家指导。让有经验的教练或专业高尔夫球运动员分享他们的经验和对特定场景的见解，帮助运动员建立起对各种比赛情景的感知和理解。

4. 使用认知训练软件。使用专门的认知训练软件提升运动员的信息处理速度和准确性，尤其是在压力情境下的表现。

5. 决策技能训练。通过决策技能训练，运动员可以学习如何在复杂情境中快速有效地进行决策，包括评估风险和预测可能结果。

第四节　呼吸训练

一、概念

呼吸训练是一种旨在通过有意识地控制呼吸模式改善心理和生理状态的训练方法。这种训练涉及调整呼吸的深度、节奏和频率，目的是增强高尔夫球运动员的专注力、减轻压力和优化整体表现。在高尔夫球运动这项要求高度精准和心理控制的运动中，呼吸训练尤为重要，它可以帮助运动员在比赛中维持冷静，提高击球的精确性和稳定性[138]。

二、理论基础

呼吸训练的理论基础主要是生物反馈理论。该理论认为，通过训练可以提高个体对自身某些生理过程的控制能力。特别是，调节呼吸可以直接影响自主神经系统，进而影响心率变异性和中枢神经系统的激活状态，从而改善情绪状态和压力反应[139]。此外，根据心理生理学研究，控制呼吸不仅有助于降低焦虑，还能改善认知功能，如注意力和决策能力，这对高尔夫球运动员的表现至关重要[140]。

三、经常进行呼吸训练的具体表现

经常进行呼吸训练的高尔夫球运动员通常会有以下几个方面的具体表现：

1. 情绪稳定。运动员能够在比赛中更好地管理压力和焦虑，表现出较高的情绪稳定性。

2. 专注程度高。运动员通过深呼吸和有意识的呼吸控制，可以提高在长时间比赛中的专注程度。

3. 保持心率稳定。通过呼吸训练保持心率的稳定性，有助于运动员在高压环境下发挥稳定。

4. 恢复能力强。呼吸训练有助于运动员快速恢复正常呼吸和心率。

四、呼吸训练的方法

针对高尔夫球运动员的呼吸训练方法包括：

1. 腹式呼吸训练。引导运动员使用腹部而非胸部来进行深呼吸，有助于增加氧气摄入量，提高放松效果。

2. 节奏呼吸训练。训练运动员按照特定的节奏进行呼吸，可以尝试在准备击球前进行4秒吸气、7秒屏气、8秒呼气的“4–7–8”呼吸训练。

3. 冥想结合呼吸训练。通过静坐冥想时专注于呼吸，帮助运动员学习在较大心理压力下控制呼吸的技能。

4. 迅速改善紧张呼吸训练。在击球或推杆前进行 3 次腹式呼吸，将有效缓解神经和肌肉的紧张程度。具体方法是：用鼻将空气吸入至腹腔约 3 秒时，屏气 2 秒，再通过嘴将空气呼出，用时约 4 秒，要求将腹腔空气吐尽。通常训练2~3次可迅速达到缓解心身紧张状态的效果。

5. 现场模拟训练。在模拟比赛的高压环境下进行呼吸训练，使运动员能够在实际比赛中自然应用这些技能。

高尔夫球运动员德尚博是一位非常注重通过呼吸训练调节自身压力的高尔夫球运动员。当他感到压力过大时，如在正式比赛前或做技术动作之前，会通过呼吸方式调整压力状态。

在众多缓解压力的训练方法中，呼吸训练是最简单、高效、实用的方法之一。科学规范的呼吸训练有助于刺激放松反应、增加记忆能力、集中注意力、减轻压力、减少焦虑、缓解紧张、增强免疫力、促进睡眠等。

第五节　挥杆前语言暗示

一、概念

挥杆前语言暗示是指在高尔夫球运动中运用语言工具优化运动员挥杆前的心理状态的心理训练策略。这种策略包括：使用特定的指令、自我激励的话语或者平静的陈述，以减少紧张情绪，提高专注力和调动积极的情绪状态。这种语言暗示训练帮助运动员在技术执行前调整和优化心理准备，是现代高尔夫球心理训练中不可或缺的一部分。

二、理论基础

挥杆前语言暗示的理论基础主要是认知行为理论。该理论认为，个体的思想、情绪和行为相互影响。通过有意识地调整语言，即思想的表达方式，可以有效地引导运动员的注意力，调节其情绪，从而影响其运动竞赛表现。此外，自我决定理论也支持语言暗示的效用，并指出自我激励和自我决定的过程对于增强高尔夫球运动员的内在动机和持久的运动参与是关键[141]。

三、挥杆前语言暗示的具体表现

在高尔夫球训练和比赛中，挥杆前语言暗示的具体表现通常包括：

1. 正向自我对话。例如，“我可以做到”，“这是一个好球”，帮助自己建立信心并减轻比赛压力。

2. 专注引导语。例如，“目标明确”，“专注球和目标”，用来增强运动员对即将打击的球和目标的专注力。

3. 情绪调节语。例如，“保持冷静”，“深呼吸”，帮助运动员管理比赛中的情绪波动。

4. 技术提示语。例如，“平稳摆动”，“眼睛跟着球”，用以加强技术动作的正确性和一致性。

四、挥杆前语言暗示的训练方法

在高尔夫球运动中，挥杆前语言暗示的训练方法包括：

1. 编制个性化语言暗示清单。与运动员合作，基于其个人经验和技术需求，开发一套个性化的语言暗示词汇或短语清单。

2. 日常训练中的实践。在日常训练中系统地使用语言暗示，让运动员在非竞赛环境下熟悉并习惯这种心理策略。

3. 模拟比赛环境。在模拟比赛环境中使用语言暗示，帮助运动员在比赛环境中适应使用语言暗示调节心理状态。

4. 录音反馈和自评。运动员可以录下自己的暗示语言，随后进行自我评估或由教练提供反馈，以优化其效果。

5. 比赛中的实际应用。鼓励运动员在真实比赛中积极运用语言暗示，特别是在关键时刻，以提升表现和缓解压力。

在正式挥杆或推杆前，在心中对自己说“我相信自己能顺利完成这次击球”或“我对自己充满信心”。这样可起到意识不受干扰，通过潜意识引导完成流畅技术动作的作用。

第六节　好球记录法

一、概念

好球记录法是一种心理训练技术，用于帮助运动员识别和强化在训练或比赛中表现出的成功行为。通过系统地记录成功的击球经历，运动员不仅能够提升对技能的信心，还能使正面行为再现，从而提高整体表现。这种方法特别适用于青少年高尔夫球运动员，能够帮助他们从成功体验中建立自信，进而提升技术表现。

二、理论基础

好球记录法的理论基础主要是反馈与强化理论[55]。反馈与强化理论的基本概念主要分为两个方面：反馈与强化。

反馈是指在完成某一动作后，个体获得关于该动作结果或过程的信息。这些信息可以是内在的（如通过自身感知获得的感觉），也可以是外在的（如教练提供的评价）。反馈分为知识性反馈和表现性反馈。知识性反馈涉及动作结果的信息，如球是否进洞；表现性反馈涉及动作执行过程的信息，如挥杆的角度和力度。

强化是指通过奖励或惩罚来增加或减少某一行为发生的概率。正强化是指通过提供愉快的刺激（如表扬或奖励）来增加行为的发生，负强化是指通过移除不愉快的刺激（如消除批评）来增加行为的发生。需要注意的是，负强化不同于惩罚，惩罚是指通过引入不愉快的刺激（如批评）或移除愉快的刺激（如撤销奖励）来减少行为的发生。

好球记录法是指通过记录和反思成功的击球，给予运动员正向强化，帮助他们巩固良好的技术动作和心理状态。此外，通过关注和扩展个体的正面行为和体验，可以增强个体的幸福感和心理韧性。

三、好球记录法的具体表现

在高尔夫球训练和比赛中，运用好球记录法的具体表现包括：

1. 详细记录。教练和运动员记录每一次训练或比赛中的成功击球情况，包括击球距离、精确度和使用的具体技术。

2. 情境分析。分析成功击球的具体情境，包括环境条件、心理状态和特定技术动作。

3. 反馈讨论。教练和运动员共同回顾记录，讨论成功的关键因素，并在未来的训练中重现这些成功要素。

4. 目标设置。基于记录的成功体验设定新的训练目标，旨在复制和扩展成功行为。

四、好球记录法的训练方法

在高尔夫球训练和比赛中，有效地实施好球记录法，可采用以下步骤：

1. 准备记录工具。准备便携式记录本或电子设备，便于随时记录。

2. 训练前设定目标。在训练或比赛前，设定明确的目标，如“今天要在五个不同的洞成功实施推杆”。

3. 实时记录。在训练和比赛中，每成功一次即记录详细信息，包括击球的具体参数和当时的感受。

4. 分析和总结。训练或比赛后，系统地分析记录，识别成功的共同因素，并讨论如何在未来复制这些成功体验。

5. 正面强化。通过视频回放、正面语言激励等方式强化这些成功体验，提升自我效能感。

大多数人普遍的做法是。失误或打坏一杆，花费大量时间寻找原因。其初心是避免再次犯类似错误，但过度专注错误，会极大干扰高尔夫球运动员的专注力和自信心。这就是有的人会在一个位置上连续以同样的方式失误多次的原因。

好球记录法是巡回赛高水平高尔夫球运动员常用的计分方法，这种方法能够大幅提高比赛成绩。有一次，杰克·尼克劳斯被现场观众问：如何防止出现右曲球时，他的回答是不知道，从来没有出现过这种球。现场有观众却声称明明看到他打过右曲球。这个案例向我们展示了一个重要的竞赛心态：在赛场上只统计好球，忽略掉不理想的球。经常回忆好球，有助于巩固打好球时的神经感觉和肌肉记忆，树立自信心，提高运动表现水平。建议初学者或者高差点高尔夫球运动员采用好球记录法。在每场比赛中，鼓励高尔夫球运动员得到更高的分数。

第七节　自我肯定

一、概念

自我肯定是一种心理干预方法，旨在通过强调和确认个体的价值和优点来提升自信心。具体来说，自我肯定涉及个体对自身积极特质、成就或核心价值的认知和认可。这种方法可以帮助运动员在面对挑战和压力时保持心理平衡和积极态度，提高他们的竞赛表现[142]。

二、理论基础

自我肯定理论认为，个体会努力维护自我概念的整体性，当自我概念受到威胁时，通过确认自身的其他重要方面来缓解这种威胁[142]。对于高尔夫球运动员来说，比赛和训练中的失败和压力可能会威胁到他们的自我概念和自尊。通过自我肯定，运动员可以减轻这些威胁，保持积极的心理状态和自我效能感[143]。

三、自我肯定的具体表现

在高尔夫球运动中，自我肯定的具体表现包括：

1. 有稳定的自信。相信自己的训练和能力，即使在比赛中遇到挫折也能保持自信。

2. 积极进行自我对话。在训练和比赛中，能够用积极的言语鼓励自己，调整心态。

3. 有快速的恢复力。在面对失误或失败时，能快速调整情绪，恢复到正常的竞技状态。

4. 有明确的目标导向。明确自己的目标，并持续努力实现这些目标，即使面对困难也不放弃。

四、自我肯定的训练方法

为了培养和增强高尔夫球运动员的自我肯定，可以开展以下心理训练：

1. 目标设定训练。教练与运动员一起设定具体、可衡量、可达成、相关和时间限定的目标。这些目标包括：短期和长期目标，以及技术性和心理性目标[144]。

2. 正面自我对话训练。通过训练运动员使用积极的自我对话来替代消极思考，例如，从“我总是打不好”转变为“每次挥杆我都在进步”，有助于建立更强的自我效能感和自我肯定。

3. 成功经历回顾。定期回顾个人的成功经历，无论是训练中的小成就还是比赛中的高光时刻，都有助于增强自信和自我价值感。

4. 心理技能训练。放松、可视化和集中注意力等心理技能训练能够帮助运动员在压力情境下保持冷静和充满自信。

5. 模拟训练和角色扮演。在模拟比赛情景中，运动员可以训练如何在压力下应用自我肯定策略，以及如何在失败后快速恢复。

我们经常听到这样的回应习惯，当有人夸赞一名运动员打出了好球时，这名运动员会谦虚地说“侥幸，运气好”，尤其是中国的高尔夫球运动员。中国人认为谦虚是美德。但是，过分的谦虚不利于高尔夫球运动员建立自信心。所以，面对赞扬时，更有利于建立自信的回答是：“谢谢，这次击球的确不错，这也是我想要的结果。”可以经常告诉自己：“我相信我能做出更理想的挥杆击球动作。”

第八节　接纳恐惧

一、概念

接纳恐惧，是指在竞技体育中运动员对自身恐惧情绪的认知、接受和管理。这一概念基于接纳与承诺治疗的框架，强调在面对压力和挑战时，通过接纳而非回避负面情绪和想法，运动员能更有效地维持注意力集中和行动一致性。在高尔夫球等心理压力较大的运动中，运动员常面临失败和不确定性的恐惧情绪，坦然接纳这些恐惧而非抗拒，可以帮助他们更好地聚焦于当前的行动与目标。

二、理论基础

接纳恐惧的理论基础主要是心理灵活性理论。该理论认为，有效的心理调整需要个体能够在变化的环境条件下，根据个人价值和目标灵活地适应其行为[145]。心理灵活性的培养可通过六个核心过程实现，包括认知融合、接纳、联系当下、自我观察、价值明确和承诺行动。这些过程可以帮助高尔夫球运动员在面对竞赛压力时接受并转化内心的恐惧，而不是被恐惧所束缚。

三、接纳恐惧的具体表现

在高尔夫球运动中，接纳恐惧的具体表现包括：

1. 明确表达恐惧。运动员能够识别并明确表达自己在训练或比赛中的具体恐惧，如害怕失误、害怕不达预期等。

2. 情绪稳定。在承认恐惧的同时，运动员展现出较好的情绪控制力，不让恐惧支配自己的表现。

3. 保持技术执行力。即便在强烈恐惧的影响下，运动员依然能坚持自己的比赛策略和技术动作，展现出专业的技术执行力。

4. 快速恢复。接纳恐惧有助于运动员从挫败中快速恢复，保持比赛的连贯性和专注力。

四、接纳恐惧的训练方法

为了帮助高尔夫球运动员接纳恐惧，可以采取以下几种训练方法：

1. 正念冥想。通过正念冥想，运动员学习如何在接受自己的恐惧和不适感的同时，保持对当前任务的专注。

2. 情绪暴露训练。定期进行情绪暴露训练，如让运动员描述自己最害怕的比赛场景，并在安全的环境中学习如何应对这些情境。

3. 写作疗法训练。通过写作疗法训练，运动员可以表达和处理关于失败和恐惧的情绪，这有助于他们减少这些情绪对比赛的负面影响。

4. 价值观引导训练。帮助运动员明确个人的价值观和比赛的目标，使他们能够在压力情境下做出符合自身价值和目标的选择。

5. 行为承诺训练。帮助运动员制订行动计划，使他们在感受到恐惧时也能坚持执行，从而增强其心理韧性和自我效能感。

即便是世界级高尔夫球运动员麦克罗伊，在2023年9月份的爱尔兰公开赛中也会因恐惧而出现各种失误。在这次比赛中，麦克罗伊在最后一轮的表现并不理想，最终以276杆（68-70-69-69），低于标准杆8杆的成绩获得了亚军。他在最后一轮中遇到了一些困难，15号、17号洞都吞下柏忌，导致他进入最后一个洞的时候落后2杆。标准杆8杆的成绩获得了亚军。他在最后一轮中遇到了一些困难，15号、17号洞都吞下柏忌，导致他进入最后一个洞的时候落后2杆。通常赛事级别越高，高尔夫球运动员会表现得越紧张。很多人的做法是，否认紧张，并告诉大家或对自己说我不紧张，但这样的做法并不能真正缓解紧张情绪。从高尔夫球心理学角度讲，更合理且有效的做法是：坦然承认内心紧张，并判断紧张因素，然后通过深呼吸调整，尝试深呼吸2~6次，并想象运用挥杆技术将球打在球道上或果岭上的感觉。这样可以增加自信心。

当频繁出现失误或坏球时，很多人的表现是气愤和不安，并长时间纠结导致问题出现的原因。这种做法容易造成破坏自信心且情绪不稳定,如不加以调整，下一杆大概率会出现同样问题。另外，情绪不稳定还会导致专注力下降和肌肉僵硬紧张，进一步造成身体感知觉能力下降。解决方案是：第一，深呼吸2~3次；第二，站在击球位上，向目标方向空挥3~5次，着重体会动作的流畅性。

第九节　注重挥杆流畅性

一、概念

挥杆流畅性在高尔夫球运动中指的是挥杆动作的连贯性、效率和协调性。流畅的挥杆动作不仅涉及技术的正确性，还包括动作的自然流畅和节奏感，这对于实现稳定和精确的球路至关重要[146]。

二、理论基础

挥杆流畅性的理论基础主要是运动程序理论和动态系统理论。根据运动程序理论，高水平的技能表现需要通过反复训练将动作模式内化成稳定的运动程序。动态系统理论强调，运动技能发展是通过身体、环境和任务动态相互作用的结果，重视动作的自组织特性。

三、注重挥杆流畅性的具体表现

具备良好挥杆流畅性的高尔夫球运动员通常表现出以下特征：

1. 动作协调。身体各部分在挥杆过程中高度协调，从而最大化力量传递和控制。

2. 节奏一致。挥杆动作节奏和速度保持一致，即使在压力大的情况下也能保持。

3. 动作经济。挥杆效率高，避免不必要的动作，减少体能消耗。

4. 适应性强。能够根据不同的球场条件和比赛需求调整挥杆动作。

四、注重挥杆流畅性的训练方法

为了提高高尔夫球运动员的挥杆流畅性，可以采用以下训练方法：

1. 分解训练法。将整个挥杆动作分解为几个阶段单独训练，例如，分别训练挥杆的起始、过渡和完成阶段，然后逐步整合为连贯动作[147]。

2. 视频反馈与分析。使用视频捕捉技术记录挥杆动作，通过视频回放进行详细分析，帮助运动员识别和改正动作中的不足[148]。

3. 节奏训练。通过节拍器或音乐辅助训练挥杆节奏，训练运动员在固定节奏下完成流畅挥杆。

4. 压力训练。在模拟比赛压力的环境中进行挥杆训练，以提高运动员在实际比赛中保持挥杆流畅性的能力。

5. 心理技能训练。教授运动员通过正念冥想、自我对话等技巧，在比赛中管理情绪和专注度，从而保持挥杆动作的流畅性[149]。

在赛场上，挥杆动作的流畅性和速度比动作细节更重要。赛场不是纠正动作细节的场合，过度分析动作细节、关注动作控制会影响挥杆动作的流畅性。因此，应更多注重动作的流畅性、速度和完整性。

第十节　避免首洞开球紧张

一、概念

避免首洞开球紧张是指高尔夫球运动员在比赛或训练中的第一杆开球前，避免使其感受到焦虑和不安。首洞开球紧张通常由心理和生理双重压力引发，尤其是在重大比赛或陌生场地环境下更为明显。首洞开球紧张不仅会影响球员的心理状态，还会影响其挥杆节奏和技术表现。

二、理论基础

避免首洞开球紧张的理论基础主要是注意与执行理论。该理论指出，当个体面临高度压力时，往往会分散对核心任务的关注，导致动作的执行出现问题。高尔夫球运动员在首洞开球时可能会因过度担忧动作的正确性而分散注意力，反而造成挥杆动作的不流畅。另外，许多高尔夫球运动员将注意力集中在获得好成绩和夺冠上，这又涉及冠军心态的理论基础，该理论认为个体对自己能够成功完成某项任务的信念是影响其表现的关键因素[150]。当高尔夫球运动员将注意力过度集中在夺得冠军的心态上时，也极容易造成神经和肌肉的紧张。因此，拥有适当强度的冠军心态很重要，它更强调高尔夫球运动员能够坦然地在挑战和失败面前保持积极和开放的态度[130]。以上两种理论的实践应用能够大幅减轻高尔夫球运动员在首洞开球时的紧张情绪。

三、首洞开球紧张的具体表现

在实际训练和比赛中，高尔夫球运动员在首洞开球时的紧张感会通过以下几种具体表现反映出来：

1. 心理表现。心理表现主要体现在运动员的情绪反应上，包括过度担心开球表现不佳、对失败的恐惧，以及因观众和对手的关注而产生的压力感。这些负面情绪会影响球员的自信和专注度，使其在比赛开始阶段容易产生不必要的负面心理。

2. 生理表现。生理表现包括心跳加速、出汗、肌肉紧绷等。这种生理反应在高尔夫球运动中尤为明显，通常会影响挥杆的流畅性。运动员在紧张状态下可能会握杆过紧或动作僵硬，导致开球方向偏离目标。

3. 技术表现。由于心理和生理的紧张反应，运动员可能会出现挥杆不稳定、力量分配不均，甚至出现失误。这种现象在专业比赛中经常见到，尤其是在首洞开球时，运动员在挥杆时往往动作僵硬，导致击球不稳或偏离预期目标。

四、避免首洞开球紧张的训练方法

为了改善高尔夫球运动员的首洞开球紧张的心态，可以采用以下训练方法：

1. 目标设定。在训练中坚持以训代赛、以赛代训、赛训结合的原则。教练应帮助运动员设定具体、有挑战性且可达成的目标，并定期评估和调整这些目标[149]。

2. 呼吸调节。通过深呼吸来放松身体、稳定心态。呼吸调节是一种简单而有效的放松技术，可以帮助运动员在紧张时放松身心，使其进入更为稳定的状态。例如，运动员可以在开球前深吸气、屏气数秒后缓慢呼气，重复几次，以减缓紧张情绪。

3. 自我暗示。自我暗示是一种积极的心理调整方法。通过在心中重复积极的自我暗示句子，如“我已经准备好了”、“我能做到”，可以提高自信心并降低紧张情绪。

4. 赛前准备。适当的赛前热身可以帮助运动员降低焦虑。热身活动不仅能调节情绪，还能让身体快速进入竞技状态。例如，运动员可以在开球前进行几组短挥杆练习，帮助自己适应比赛氛围和开球动作，减少首洞紧张感。

5. 注意力转移。专注于当下的感官体验而非技术细节，能够帮助运动员将注意力从紧张情绪中转移出来。例如，在开球前，运动员可以集中注意力于挥杆时手部的感觉，而不是对结果的担忧，从而提高运动表现。

6. 心理弹性培养。通过进行有挑战性的训练，增强运动员的心理弹性，使其能够更好地适应比赛中的不可预见性和压力[68]。

第十一节　合理管控风险

一、概念

合理管控风险是指在高尔夫球训练和比赛中，运动员通过进行科学的评估和策略调整，平衡潜在的风险与收益，以实现最佳比赛表现和最小化失误的策略。此概念强调的是一个平衡的决策过程，旨在通过减少失误的可能性来提高成功的概率[151]。对于高尔夫球运动员来说，合理管控风险不仅涉及技术层面的选择，还涉及心理和战术层面的决策。这种策略有助于运动员在面对不确定性和压力时，做出更具智慧的选择，从而提高整体表现和心理韧性。

二、理论基础

合理管控风险的理论基础主要是风险管理理论和自我调节理论。风险管理理论强调通过识别、评估和控制风险来实现目标。对于高尔夫球运动员而言，这意味着在比赛中考虑各种潜在风险因素，如天气条件、球场地形和心理压力，并制定应对策略[152]。自我调节理论则提供了一种理解运动员如何控制情绪、预期和行为以达到最佳风险管理的框架[153]。

三、合理管控风险的具体表现

在高尔夫球运动中，合理管控风险的具体表现包括：

1. 适当的风险接受。选择符合自己技术水平和比赛形势的打法，避免在技术不足或条件不利时采取高风险策略。

2. 具有高度的情境意识。高度认识比赛的环境条件，如风向、球场湿度和球道难度，以及这些因素如何影响球的表现。

3. 精确的目标设置。设定具体可行的短期和长期比赛目标，每个目标都基于对自身能力和比赛条件的合理评估。

4. 灵活的策略运用。能够根据比赛进程和突发情况调整战术策略，灵活应对各种挑战。

四、合理管控风险的训练方法

为了培养高尔夫球运动员合理管控风险的能力，可以采取以下训练方法：

1. 情景模拟训练。通过模拟比赛来体验不同的风险决策情境，例如，在训练中设定特定挑战，要求高尔夫球运动员在有限的时间内做出最佳决策。通过模拟比赛中的高风险情境，如复杂地形、极端天气条件和高压比赛氛围，训练在这些情境下进行决策和击球。

2. 决策树分析。教授运动员如何进行有效的风险评估和决策，包括理解各种比赛情境下的概率和可能的结果。利用决策树分析工具，帮助高尔夫球运动员在训练中评估各种击球选择的风险和收益。通过这种方法，高尔夫球运动员可以学会系统化地分析和评估每一个决策，从而在比赛中做出更明智的选择。

3. 心理技能训练。通过心理技能训练来提高运动员的情绪控制和压力管理能力，使他们在面对需要高风险决策的情境时能保持冷静和注意力集中。

4. 心理韧性训练。通过心理韧性训练，如正念训练、认知重构和积极自我对话，增强高尔夫球运动员的心理韧性和情绪控制能力。这些方法可以帮助高尔夫球运动员在高风险情境下保持冷静和专注，提高决策质量。

5. 回顾与反思。定期进行比赛和训练的回顾与反思，帮助高尔夫球运动员分析每一个决策的成败原因，识别和总结最佳实践。这种训练有助于高尔夫球运动员不断改进和优化其风险管理策略。

6. 经验分享。让经验丰富的高尔夫球运动员或教练分享他们的风险管理经验和案例，帮助青少年高尔夫球运动员学习如何在实际比赛中应用这些策略，从而提高整体表现。

冒险和侥幸心理是许多高尔夫球运动员普遍存在的心理状态。例如，当高尔夫球运动员面对果岭前的水障碍，且进攻距离不是自己擅长的距离时，很多人虽然担心球会下水，但仍忍不住采取冒险的打法，希望能够侥幸越过水障碍。

经验丰富的高尔夫球运动员和教练建议：在这种情况下，如果高尔夫球运动员有了担心或产生侥幸心理，最佳的做法是降低风险。例如，可以选择使用大一号的球杆，打一个更为保守且风险较小的球。通过这种方式，可以将失误的风险降到最低，确保能够稳健地应对障碍，而不是依赖侥幸心理去完成高风险的击球。有效的风险管理并不是完全避免风险，而是在合理评估的基础上选择最有利的行动方案，从而最大化比赛的整体收益。

第十二节　多用“相信”

一、概念

在心理学中，“相信”的概念通常与自我效能和自信心密切相关，是指个体对自身能力和成就潜力的信念。这种信念可以增强运动员的动力、专注力和抗压力能力，最终提升他们在高尔夫球运动中的整体表现。运动员对自己的击球能力、比赛策略以及压力管理技巧的信念，会直接影响其表现和成绩。深化这种“相信”，不仅能够使运动员做好充分的心理准备，还能使其在关键时刻发挥出最佳水平。

在高尔夫球运动中，尤其是对于青少年运动员而言，心理状态是决定表现的关键因素之一。“相信”的概念在心理训练中具有重要意义，它不仅涉及自我效能感和自信心的建立，还涉及对自身能力和训练方法的坚定信念。

二、理论基础

“相信”的理论基础主要是自我效能理论。该理论认为，个体对自身能力的信念是行动和持续努力的关键动力源泉。自我效能感强的运动员更有可能面对挑战时坚持不懈，具备更高的心理韧性和应对失败的能力[150]。此外，具有成长心态的人倾向于信任自己的努力和学习过程能带来改变，这种心态使运动员能够更好地接受反馈并持续进步[130]。

三、多用“相信”的具体表现

在高尔夫球运动中，多用“相信”具体表现为：

1. 充满技术自信。运动员对自己的击球技术、推杆准确性和战略选择充满信心。

2. 具有情绪控制能力。在比赛中即使面临压力，也能保持冷静，相信自己能够控制局面。

3. 具有快速恢复能力。即使遭遇不利局面或失误，也坚信自己能够迅速反弹并找回最佳状态。

4. 保持团队信任。在团队比赛中，对队友的能力和决策保持信任，促进团队合作。

四、多用“相信”的训练方法

为了在高尔夫球运动员中培养良好的“相信”心态，可采用以下几种训练方法：

1. 目标设定和实现。通过设定具体、可测量、可达成的目标，帮助运动员看到自己的进步和成功，从而增强自信。

2. 正面心理训练。采用正念冥想、可视化成功和积极自我对话等方法，强化运动员的正面信念和内心的积极声音。

3. 模拟训练。在训练中模拟比赛情景，帮助运动员提高实践技能，增强对自己能力的信任。

4. 反馈与反思。定期提供专业的反馈，鼓励运动员反思训练和比赛，识别成功因素和改进点，促进自我效能感的提升。

在高尔夫球训练和比赛中，用语的选择对高尔夫球运动员的心理影响巨大。例如，多使用“相信”而少用“确信”，可以带来显著的积极效果。“我相信能够做出流畅的挥杆动作”之类的表达能够增加自信心，有助于提升运动表现。然而，“我确信能够做出流畅的挥杆动作”之类的表达往往会无形中增加心理压力。

“确信”一词暗示着必须达到目标，会给自己施加更大的压力。这种压力可能会导致高尔夫球运动员在心态上产生强迫感，从而影响他们的自然发挥。例如，高尔夫球运动员在说“我确信要打出远距离击球”时，往往会感到必须成功，因而可能尝试大力击球或急于通过沙坑。这些心理变化会干扰高尔夫球运动员的专注力和动作的流畅性，最终导致失误增多。相反，“我相信能够打出远距离击球”之类的表达，既设定了积极的期望，又不过度强化成功的必要性。因此，选择“相信”而非“确信”能够帮助高尔夫球运动员在比赛中保持更好的心理状态，减少不必要的压力和焦虑，从而提高整体表现。

第十三节　限时训练

一、概念

限时训练是一种在规定的时间内完成特定训练任务的训练方法。该方法旨在通过时间限制来模拟比赛中的压力环境，提高运动员在高压条件下的表现和决策能力。在高尔夫球训练中，限时训练可以帮助运动员提高击球效率、处理突发情况的能力、专注力和心理耐受力，从而在实际比赛中表现更为出色[154]。

二、理论基础

限时训练的理论基础主要是心理学中的认知负荷理论。该理论强调在执行任务时脑力资源的分配，认为在时间压力下，个体必须更有效地管理其注意力和认知资源，以保持良好的表现[155]。在训练中应用这些时间压力，可以帮助运动员学习如何在比赛中更好地分配心理和生理资源。

三、限时训练的具体表现

在高尔夫球运动中，限时训练的具体表现通常包括：

1. 快速决策。运动员需要迅速判断最佳打击方式和力量调整，以适应不断变化的游戏环境。

2. 快速集中注意力。在时间限制的压力下，运动员必须快速集中注意力，排除一切干扰。

3. 提升执行效率。训练在有限时间内完成技术动作，有助于提高动作的自动化程度和效率。

4. 提高应对压力的能力。通过模拟比赛的时间压力，提高运动员在高压环境下保持冷静和表现出色的能力。

四、限时训练的方法

为了有效实施限时训练，可以采用以下几种具体的训练方法：

1. 设定时间限制的击球训练。为运动员的每次击球设定时间限制，例如，30 秒内必须完成击球准备和执行。这种训练有助于提高在比赛中击球准备和执行的速度。

2. 模拟比赛场景。设置具有时间限制的比赛情景，例如，在不同的球场位置进行快速决策和执行的训练，模拟比赛中可能遇到的压力情景。

3. 心理技能训练。结合心理技能训练，如可视化和自我对话，帮助运动员学习在时间压力下如何有效地调节自己的心理状态。

4. 使用技术工具。利用各种现代训练工具和设备（如计时器和传感器）精确控制训练的时间并评估运动员的表现。

尽管在训练场上很难营造赛场上的压力情景，但限时训练法能够使高尔夫球运动员在限定的时间内以完成特定训练任务的方式来人为增加紧张、竞争和压力，让运动员在特定压力状态下进行技战术训练，以便能更好地适应压力之下的技战术发挥。

第十四节 数据记录法

一、概念

数据记录法是一种系统的技术，用于收集和分析运动员在训练和比赛中的表现数据。在高尔夫球运动这类技术和心理要求极高的运动中，通过定量的方法记录详细的表现数据（如击球次数、准确度、距离、心率变化等），可以帮助教练和运动员深入了解具体的表现情况，从而制订更为精准的训练计划和心理调整策略。

二、理论基础

数据记录法的理论基础主要是心理统计学。心理统计学提供了数据处理和分析的方法，帮助教练和运动员通过数据了解运动表现的变化趋势和心理状态的波动。该理论支持了在高尔夫球训练中应用数据记录法来优化训练效果和竞技表现。

三、数据记录法的具体表现

在高尔夫球训练中，数据记录法的具体表现包括以下几个方面：

1. 技术表现记录。详细记录每一次训练和比赛中的击球次数、命中率、平均击球距离等技术参数。

2. 生理数据记录。通过可穿戴设备记录运动员的心率、血压和肌肉张力等生理指标，了解其在不同压力下的生理反应。

3. 心理状态评估。定期进行心理状态，如焦虑水平、情绪稳定性和自我效能感的评估，以书面记录的方式追踪心理变化。

4. 环境因素记录。记录训练和比赛的环境因素，如天气条件、场地状况和观众反应，分析这些因素如何影响运动员的表现。

四、数据记录法的训练方法

要有效地在高尔夫球训练中实施数据记录法，可以采取以下步骤：

1. 设定明确的记录目标。根据训练的需要，确定需要记录的数据种类和频率。

2. 使用科技辅助工具。利用高科技设备，如智能手表、传感器和分析软件，自动化收集和分析数据。

3. 数据可视化处理。将收集到的数据进行可视化处理，如制作图表和曲线，帮助教练和运动员更直观地理解数据。

4. 定期反馈和讨论。定期向运动员反馈数据分析结果，与运动员讨论数据背后的含义，共同制定调整策略。

5. 综合应用数据结果。将数据分析结果应用到训练计划的制订和心理技能训练中，以数据驱动的方式优化训练效果。

数据记录法是马修·菲兹帕德里克经常使用的方法。数据记录法要求记录的内容可以量化，比如提前设定具体的距离、时间、速度等条件，并详细记录每一杆的具体表现。数据记录法还是提高高尔夫球运动员专注力的有效方法之一。

第十五节　心率训练

一、概念

心率训练是一种利用心率数据指导训练强度和身心恢复的训练方法。在体育训练中，通过监测心率，教练和运动员可以更精确地控制训练负荷，确保训练在最优强度区间内进行，以促进体能和技能的提升。对于高尔夫球运动员来说，心率训练不仅可以帮助他们管理体能训练，还能在比赛中有效控制情绪和压力，维持稳定的表现[156]。

二、理论基础

心率训练的理论基础主要是心血管适应性原理。心率作为体能状态和心血管系统压力的一个直接指标，反映了身体对训练负荷的生理反应。通过分析心率，能够精准评估训练强度是否适宜，以及运动员的恢复状态是否充分。此外，心率变异性的研究进一步提供了评估运动员压力和恢复状态的有效工具，心率变异较高表明运动员有更好的适应性和恢复能力[157]。

三、心率训练的具体表现

在高尔夫球训练中，心率训练的具体表现包括：

1. 训练过程的中心率监测。通过心率监测设备实时跟踪运动员的心率，确保其训练强度处于个体化的目标心率区间内。

2. 恢复期的心率评估。训练和比赛后，通过心率的恢复速度来评估运动员的恢复状态和体能状况。

3. 比赛中的情绪管理。运动员通过学习在比赛中控制心率，以减少紧张情绪对表现的负面影响，维持技术动作的精确性和稳定性。

四、心率训练的方法

在高尔夫球运动中，可以采取以下心率训练方法：

1. 基线心率确定。在训练前，确定运动员的静息心率和最大心率。这可以通过有氧运动测试如跑步机测试来完成，从而为设定个性化的心率训练区间提供依据。

2. 个性化心率训练区间设置。根据运动员的体能目标和当前状态，设定个性化心率训练区间。例如，耐力训练可能要求心率维持在最大心率的70%至80%，而高强度间歇训练可能需要心率达到最大心率的85%至95%。

3. 心率监控和调整。在每次训练中使用心率监测设备，实时跟踪心率数据。教练需根据心率反馈调整训练强度，确保运动员始终在适宜的心率区间内训练。

4. 适应高压训练。为获得高心率状态下良好的技战术发挥，可以采用高心率训练法。在进行技战术训练前，先进行10~15个快速蹲跳训练，将心率提高至每分钟140次以上，并马上进行挥杆或推杆的具体目标训练。

5. 心率变异性分析。定期进行心率变异性分析，评估运动员的恢复状态和压力水平。心率变异性较高通常表示较好的身体适应性和心理状态，适合进行高强度训练或比赛。

6. 心率管理训练。通过呼吸控制和放松技巧训练帮助运动员在比赛中管理心率，减轻压力感，提高心率稳定性和比赛表现。

在高压环境下，如关键比赛或重要决策时刻，运动员的生理反应表现为心率的显著增加。这种生理现象与自主神经系统的交感分支活动增强有关。交感神经系统的激活导致肾上腺素和去甲肾上腺素等儿茶酚胺类激素的分泌增加，这些激素通过与心脏和血管上的受体结合，促进心率加快和血管收缩，从而增加血压。

此外，情绪波动，如紧张和焦虑，也会通过影响大脑的边缘系统，特别是杏仁核和下丘脑，激活交感神经系统，导致心率和血压上升。这种情绪应激反应是人体为了应对潜在威胁而进化出的一种生存机制。

睡眠不足同样会影响人体的生理平衡，导致皮质醇等应激激素的分泌增加。皮质醇是一种糖皮质激素，其过量分泌会干扰正常的激素水平，引起心率的异常升高。

饮食过量也会影响心率。饱食后，胃部膨胀导致血液流向消化系统增多，这可能会减少循环血量，从而引发心脏代偿性地增加心率，以维持足够的血液循环。

综上所述，心率的加快是人体在应对压力、情绪波动、睡眠不足和饮食过量等生理挑战时的一种自然反应。在竞技体育中，了解和管理这些生理反应对于运动员的表现至关重要。

第十六节　避免过度思考

一、概念

避免过度思考在高尔夫球运动中指的是通过减少对每个动作细节的过度关注，以达到更自然和更流畅的表现。过度思考，亦称“过度分析”，指的是运动员在执行动作时，过于关注技术细节和结果，导致动作僵硬、反应迟缓和表现下降。对于青少年高尔夫球运动员而言，避免过度思考尤为重要，因为他们正处于技能学习和心理发展的关键阶段，需要通过自然的动作和积极的心态来提高整体表现。

二、理论基础

过度思考的理论基础主要是注意力控制理论。该理论认为，当运动员将过多的注意力放在自己的动作执行上时，会干扰到已经自动化的技能，导致表现下降[158]。注意力控制理论强调在高压环境下，个体的注意力资源是有限的。过度思考会导致注意力分散和焦虑增加，进而影响表现。该理论建议通过训练注意力控制，帮助运动员在关键时刻保持适当的注意力分配，从而避免过度思考。

三、避免过度思考的具体表现

在高尔夫球运动中，避免过度思考有以下几种具体表现：

1. 动作流畅自然。通常表现出流畅自然的动作。运动员的挥杆和击球动作显得连贯，没有多余的停顿或僵硬，表现出良好的技术稳定性。

2. 快速决策和反应。在比赛中能够快速做出决策和反应，而不需要长时间的思考。运动员依靠直觉和训练中的肌肉记忆，迅速选择合适的击球策略，并有效执行。

3. 情绪稳定。在比赛中情绪稳定，能够有效管理紧张和焦虑。运动员不会因为一两次失误而陷入自我怀疑，而是保持积极和自信的心态。

4. 专注于过程。在比赛中专注于每一个击球的过程，而不是结果。运动员更关注如何正确地执行每一个动作，而不是担心击球的最终效果。

四、避免过度思考的训练方法

在高尔夫球运动中，避免过度思考的训练方法有以下几种：

1. 正念冥想和呼吸训练。通过正念冥想和呼吸训练，帮助运动员培养专注力。正念冥想和呼吸训练可以减少对未来结果和过去错误的过度关注，从而帮助运动员保持专注和冷静。例如，每天进行 15 分钟的正念冥想，专注于呼吸和身体感觉，逐步提高专注力和情绪管理能力。

2. 自我对话训练。积极的自我对话可以帮助运动员树立信心并减少焦虑。教练可以指导运动员使用简短、有力的肯定语句来激励自己，如“我能做到”或“专注于每一次挥杆”。这种训练可以帮助运动员在关键时刻保持积极心态，避免过度思考。

3. 情景模拟训练。通过在训练中模拟比赛环境和压力情境，帮助运动员适应在高压条件下决策和执行动作。教练可以设计各种比赛场景，让运动员在规定时间内完成特定任务，避免过度思考，从而提高其在实际比赛中的适应能力和心理韧性。

4. 动作自动化训练。通过重复性训练，使动作变得自动化，减少对技术细节的过度关注。教练应强调动作的一致性和流畅性，而不是每次击球的结果。逐步增加训练难度，让运动员在不同情境下保持动作的一致性和自然性。

5. 即时反馈与调整。利用视频分析和即时反馈，帮助运动员识别和改正动作中的问题。通过即时的视觉和口头反馈，运动员可以快速调整动作，减少对错误的过度关注。例如，在训练中拍摄每一次挥杆，并在每次训练结束后进行详细分析和讨论。

6. 心理技能训练。结合心理技能训练，如设定目标、进行时间管理和压力管理，帮助运动员在训练和比赛中保持良好的心理状态。心理技能训练可以提高运动员的专注力和自信心，减少过度思考带来的焦虑和分心。

7. 专注训练。通过训练专注于特定目标而非技术细节，帮助运动员减少对动作的过度关注。例如，教练可以引导运动员专注于目标区域的感觉而非击球动作的每一个环节[126]。

8. 例行程序训练。建立一套固定的赛前和击球前的例行程序，有助于运动员在比赛中自动化执行技能，减少不必要的思考。

9. 认知行为技术。运用认知行为技术识别和修改那些导致过度思考的负面思维模式。例如，教练可以帮助运动员识别“完美主义”倾向，并通过实际训练调整期望和心态。

过度思考会干扰击球信心。运动员给自己太多的口头指令会影响动作的流畅性。研究发现，在日常训练过程中，训练将思考模式切换为表现模式是有利于比赛发挥的。

如何将比赛中的思考模式切换为表现模式呢？

很多人并不能及时将很多想法屏蔽掉，但可以通过转移注意力的策略将有意识的思考模式转变为表现模式，具体如下：

第一，挥杆或推杆前的口头语言提示，比如，“相信我的挥杆”，“有信心完成一个流畅的动作”。

第二，使用放松技巧，比如，抬头看果岭并辅以深呼吸动作。

第三，严格执行日常固定的挥杆或推杆流程。

第四，专注于喜欢的一个焦点。比如，有一位美国职业高尔夫球运动员喜欢在挥杆前看手套上的特殊标志物。有的职业高尔夫球运动员喜欢看球上的推击线或标志等。

第五，在训练中培养信任的技能。

过度思考容易使人分心，会导致高尔夫球运动员在比赛中无法像训练那样顺畅地发挥技战术水平。放弃过度思考，用“顺其自然”取而代之，能够使高尔夫球运动员更多地专注于技战术水平的发挥。当运动员注意到自己专注于思考时，可以通过背诵提前准备好的口头提示来转移注意力。犯错误时，应避免在比赛中分析错误原因，可以在比赛后或下一次训练中分析。

第十七节　高尔夫球易普症

易普症（Yips）是一种运动障碍性疾病，患者会产生无意识的肌肉收缩。易普症最早在高尔夫球运动员中发现，也常见于棒球运动员、网球运动员、台球运动员、飞镖运动员等运动员中。2020年的一项针对1 248名普通运动员和66名高水平运动员的调研显示：受易普症影响的运动员中，网球占6%，高尔夫球占 59%，飞镖占 32%，射箭占 34%。受易普症影响的运动员比未受影响的运动员有更多的运动经验。易普症使高尔夫球运动员通常前臂肌肉更加活跃，且精神状态更加焦虑。可通过转移注意力和缓解精神焦虑的方式改善这种状况。

一、概念

高尔夫球易普症是一种影响高尔夫球运动员，特别是在推杆时出现的神经肌肉功能障碍。这种症状导致运动员在执行短距离推杆时经历不自主的抖动、颤抖或僵硬，严重影响了推杆的精准性和稳定性[159, 160]。易普症被认为是由心理压力和生理因素共同作用的结果，可能涉及焦虑、过度关注技术细节以及神经系统的过度激活。

二、理论基础

易普症的研究通常从心理学和生理学两个角度进行探讨。从心理学角度看，易普症与运动员的焦虑水平密切相关，特别是表现为对技能执行的过度关注，这种过度的自我监控可能会打断运动员的自动化技能执行过程。从生理学角度看，易普症可能与大脑中控制精细运动技能的区域发生异常有关，这可能导致运动员在高压情境下无法正确协调肌肉的细微动作。

三、高尔夫球易普症的具体表现

高尔夫球运动员患有易普症时的具体表现为：

1. 推杆抖动。在执行推杆动作时，手臂或手部发生不自主的抖动。

2. 力度控制失调。无法准确控制挥杆力度，导致球速过快或过慢。

3. 焦虑。在推杆前感到异常焦虑，担忧推杆的结果。

4. 信心下降。由于易普症影响表现，运动员可能逐渐失去对自己推杆技能的信心。

四、改善高尔夫球易普症的训练方法

改善高尔夫球易普症的训练方法包括：

1.心理技能训练。

（1）放松技巧。教授深呼吸、渐进式肌肉放松等技巧，帮助运动员在比赛中管理压力和焦虑。

（2）注意力控制训练。通过专注训练，帮助运动员将注意力集中在推杆的过程而非结果上，减少过度自我监控的倾向。

2. 技术调整。

（1）改变握杆方法。尝试用不同的握杆方式或改变握杆的紧密度，以减轻手部的紧张感。

（2）训练非惯用手推杆。通过使用非惯用手进行训练，帮助运动员减少对特定肌肉动作的依赖，重新建立肌肉记忆。

3. 认知行为疗法。识别和调整那些导致压力和焦虑的负面认知，如灾难化思维，通过认知重构建立更积极的思维模式。

4. 生物反馈技术。使用生物反馈设备监测身体的生理反应，如心率和肌肉张力，训练推杆时保持生理上的平静。

第十八节　专注力训练

一、概念

专注力训练是指通过一系列心理和物理技术提高个体对特定任务持续关注能力的过程。在高尔夫球运动中，专注力是至关重要的，因为运动员需要在比赛过程中持续集中注意力，以准确判断距离、风向和地形，同时排除环境干扰，如观众噪声和天气变化。

二、理论基础

专注力训练的理论基础包括有限资源理论和注意控制理论。有限资源理论认为人的注意力资源是有限的，专注力训练可以帮助个体更有效地分配这些资源，从而提高任务执行效率。注意控制理论强调通过训练可以提高个体对注意力的主动控制，使其能够更好地在任务相关和任务无关刺激之间切换[56]。这两种理论为高尔夫球运动员通过专注力训练改善其比赛表现提供了心理学依据。

三、专注力训练的具体表现

在高尔夫球运动中，专注力训练的具体表现包括：

1. 保持高水平的注意力。运动员能够在长时间的比赛中保持高水平的注意力，不易分心。

2. 任务执行效率提高。在训练和比赛中，运动员能够更快、更准确地完成技术动作，如击球和读线。

3. 错误率降低。由于注意力集中，运动员在执行技术动作时犯错的频率降低。

4. 情绪控制能力增强。良好的专注力帮助运动员在面对不利情况时保持冷静，有效管理情绪。

四、提高专注力的训练方法

为了提高高尔夫球运动员的专注力，教练应在日常训练中注重融入专注力训练内容，并善于发现不同高尔夫球运动员的专注力内容。具体方法如下：

1. 通过提问方式加强专注力。万能提问方式：现在最重要的事情是什么？我的注意力应该放在什么地方？

2. 将专注力放在积极事情上，并迅速忘掉消极负面事情，尤其是在比赛场上。比如，积极回忆打得较好的一杆，多回忆之前成功击球的细节体验，能让高尔夫球运动员进入最好的状态。在训练中，引导高尔夫球运动员用语言或笔描述成功的挥杆动作细节。

3. 在日常训练中加强深呼吸或专注力训练。每天进行 5~10 分钟的专注力训练。

4. 设置目标。明确具体的训练目标可以帮助运动员集中注意力。例如，在训练推杆时，设定将球推进特定距离的目标。

5. 正念冥想。通过正念冥想，学习如何在当下集中注意力，观察自己的呼吸和身体感受，这有助于提高运动员在比赛中的专注力。

6. 使用认知训练软件。使用认知训练软件帮助训练，可以改善运动员的注意力分配和反应时间，对提升运动员的表现有直接帮助。

7. 高压比赛环境模拟训练。在模拟高压比赛环境下进行训练，如在有观众噪声的背景中进行击球训练，可以帮助运动员适应在多种干扰下保持专注。

正常情况下，人的每次集中注意力时间不超过 5 秒，但可通过一定方式将注意力从宽泛引导到集中，并延迟注意力集中的时间。比如，在击完球走到下一个击球位置期间，可以让思绪乱飘，但要有清晰的意识。在开始准备击球前，首先，可通过简单有效的深呼吸或关注特定标志物等方法使注意力迅速集中。其次，大脑要有明确的问题导向，比如：这一杆要怎么打？打到哪里？要避开哪些危险？要不要过沙？距离是多少码？

第十九节　提高训练转化率

一、概念

提高训练转化率是指通过优化训练方法和策略，使运动员在训练中获得的技能、技术和心理素质能够有效地转化到比赛中的实际表现。对于高尔夫球运动员而言，提高训练转化率意味着在训练中所掌握的挥杆技术、策略和心理调节水平能够在比赛中稳定且高效地再现，从而提升整体比赛表现。

二、理论基础

提高训练转化率的理论基础主要是迁移理论。迁移理论研究训练中学到的技能如何转移到不同但相关的情境中。通常正迁移发生在训练内容和比赛要求高度相似的情形中。例如，在高尔夫球训练中，训练推杆击球技巧和策略可以帮助运动员在比赛中的关键推时表现得更好[35]。

三、提高训练转化率的具体表现

在高尔夫球运动中，提高训练转化率的具体表现包括：

1. 提高技术精确度。在比赛中能够如同训练时一样精准地执行击球技术。

2. 保持冷静。在各种比赛压力下保持冷静，有效应用训练中学习的心理技巧。

3. 灵活应用策略。能够根据比赛的具体情况灵活应用训练中制定的策略。

4. 自我调整。在遇到不利情况时，能快速调整自己的策略和技术，恢复状态。

四、提高训练转化率的训练方法

教练应注重训练场上的技能向球场转化的过程，提高训练转化率。可参考以下几种训练方法：

1. 情境训练。创造与比赛环境相似的训练情境，让运动员适应比赛的压力和氛围。

2. 心理技能训练。心理技能包括目标设定、自我对话、正念冥想等，应帮助运动员在比赛中有效应用这些技能。

3. 视频反馈和自我反思。使用视频反馈帮助运动员分析自己的表现，通过自我反思加深理解和改进技能。

4. 压力情境模拟训练。通过模拟比赛的压力情境，如观众喧哗、计时压力等，提高运动员的应变能力。

5. 持续的动机强化。通过不断的正向激励和强调内在动机的重要性，增强运动员的训练和比赛动机。

在训练场训练时尽可能模拟球场真实状态，包括：注重肢体和心理的变化并记录成绩；训练场练球的习惯尽量与下场打球习惯相同，如击球程序、穿戴习惯、用同款球习惯等。另外，教练应掌握运动员在最近比赛现场中的最真实状态。

第二十节 专注当下训练

一、概念

专注当下训练是一种心理训练方法，旨在提高运动员在高尔夫球比赛和训练中的注意力集中能力，帮助他们保持在当前任务上的专注，从而减少外界干扰和内心杂念的影响。该训练涉及一系列技巧和策略，用于增强运动员的注意力控制和情绪管理，提高他们的表现水平[161]。

二、理论基础

专注当下训练的理论基础主要是正念理论。正念源自佛教的禅修实践，后被引入心理学领域，指一种保持对当下经验全面注意的心理状态[162]。在体育领域，正念训练帮助运动员通过有意识地观察自己的身体感受、情绪和思维模式，而不做出评判或反应，提高对当前比赛或训练环境的专注[163]。此外，心流理论也提供了对正念理论的支持，强调在高度专注的状态下，个体能够体验到最佳的心流状态，从而达到最佳表现[164]。

三、专注当下训练的具体表现

在高尔夫球训练和比赛中，专注当下的具体表现包括：

1. 注意力完全集中。在比赛中能够将注意力完全集中在每一杆的执行上，不被前一杆的成绩或其他干扰因素影响。

2. 情绪稳定。能够有效管理比赛中的情绪波动，即使在压力大的情况下也能保持冷静。

3. 快速调整。在面对不利情况时，能够迅速调整策略和技术，以应对挑战。

4. 保持优化表现。在整个比赛过程中，保持技术和策略上的优化表现。

四、专注当下训练的方法

为了有效地培养和提高高尔夫球运动员专注当下的能力，可参考以下训练方法：

1. 正念冥想。定期进行正念冥想训练，如呼吸训练或身体感知训练，帮助运动员学会如何管理分心和提高对当前活动的注意力。

2. 专注力训练。通过专注力训练，如使用音乐或计时器来提高运动员对特定任务的持续关注能力。

3. 模拟训练。在接近比赛条件的环境下进行训练，帮助运动员适应比赛中可能遇到的各种干扰因素。

4. 心流训练。通过设置具有挑战性但可达成的目标，引导运动员在训练中进入心流状态，使其在比赛中更容易进入并维持此状态。

5. 反馈和自我反思。训练后的即时反馈和定期自我反思有助于运动员识别并强化有效的专注策略，同时改进那些不够有效的做法。

专注力不稳定对高尔夫球运动员竞技能力的发挥影响较大。放松是打好球的关键，而放松的状态来自专注当下的能力。肌肉放松有利于顺利完成动作，肌肉紧张，则容易丢失肌肉记忆。因此，在日常训练中，应注重培养高尔夫球运动员专注当下的习惯，比如，专注于当下的每一次推杆击球或每一次挥杆击球。也可通过日常训练中专注于感受身体某部分动作细节的方式来提高专注力，比如，专注于5码距离推杆过程中转肩的感觉，感受下杆击球时下肢力量由下肢向上肢传递的感觉，等等。每天可以利用5~10分钟的时间进行专注力训练。

第二十一节　明确目标训练

一、概念

明确目标训练是指帮助运动员识别、设定和追求具体和可衡量目标的训练方法。在高尔夫球训练和比赛中，明确目标的设定不仅可以提高运动员的动机和持久性，还可以提升其专注度和表现效率。这种训练方法强调通过具体的行为目标来引导运动员的行动，进而优化他们的整体表现[165]。

二、理论基础

明确目标训练的理论基础主要是目标设定理论。该理论认为，具体和挑战性的目标比模糊和容易的目标更能激发个体的努力、持久性和表现。在高尔夫球运动中，设定明确的训练和比赛目标有助于运动员集中注意力，减少外部干扰，达到更高的技术水平和比赛成绩。

三、明确目标训练的具体表现

在高尔夫球运动中，进行明确目标训练的运动员通常会有以下具体表现：

1. 高度专注。能够在训练和比赛中更加专注于特定技能的提升。

2. 动机明确。保持高水平的内在动机，即使在面对困难时也能保持积极。

3. 自我效能感提升。成功实现短期目标，进而增加自信心，提升自我效能感。

4. 持续进步。通过连续设定并实现目标，能够在技术和心理两方面持续进步。

四、明确目标训练的方法

在高尔夫球运动中，为有效地实施明确目标训练，可参考以下训练方法：

1. 遵循SMART原则。目标应具体（S）、可测量（M）、可达到（A）、相关性强（R）、具有时限性（T）。

2. 短期和长期目标设定。结合短期的技术目标和长远的职业发展目标，帮助运动员在不同阶段保持动力。

3. 定期评估与反馈。定期评估运动员对目标的进展，并提供具体的反馈，帮助他们调整目标和训练策略以适应新的挑战。

4. 视觉化和正念训练。结合视觉化训练，让运动员在心理上预演达成目标的过程，同时利用正念训练增强目标的情感连接和心理准备。

5. 记录和日志。鼓励运动员记录训练和比赛中的表现，以及他们在目标达成过程中的感受和经验，以此增强自我反思和学习效果。

第二十二节　外部注意训练

一、概念

外部注意训练是指通过引导高尔夫球运动员将注意力集中在身体外部的动作效果或环境特征上，而非自身动作的内部细节上，以优化运动表现的一种训练方法[166]。在高尔夫球训练中，外部注意训练旨在提高运动员的击球精准度和稳定性，通过关注目标（如球的落点或挥杆路径）而不是动作本身，减少过度思考和动作僵硬。外部注意训练有助于高尔夫球运动员在实际比赛中更自然和流畅地执行技术动作。

二、理论基础

外部注意训练的理论基础主要是注意力分配理论和注意焦点理论。注意力分配理论指出，当运动员将注意力集中在动作效果而非身体动作本身时，可以更有效地利用自动化的运动控制过程，减少认知干扰，提高运动性能和效果[166]。注意焦点理论提出外部注意相对于内部注意能够更有效地提升运动表现。外部注意引导运动员关注动作的外部效果，而非自身动作的细节，从而减少动作执行时的认知干扰，提升动作的流畅性和效率[167]。

三、具有良好外部注意品质的具体表现

在高尔夫球训练和比赛中，具有良好外部注意品质的具体表现包括：

1. 有高精度的击球表现。具备外部注意的高尔夫球运动员通常表现出高精度的击球技术。他们能够准确击中目标区域，保持良好的击球路径和落点控制。这种高精度的表现得益于他们对目标的专注，而非对挥杆动作的过度关注。

2. 有流畅自然的挥杆动作。具备外部注意的高尔夫球运动员挥杆动作流畅自然，没有多余的停顿或僵硬。外部注意使高尔夫球运动员能够在挥杆过程中保持良好的动作节奏和协调性，从而提升整体技术水平。

3. 有快速适应环境变化。具备外部注意的高尔夫球运动员能够快速适应环境变化，如风速、草地条件和球场地形等。高尔夫球运动员通过关注外部环境中的关键特征，调整击球策略和技术，以应对不同的比赛条件。

4. 情绪稳定和专注力强。外部注意有助于高尔夫球运动员在比赛中保持情绪稳定和高水平的专注力，使他们不易受外界干扰或自我怀疑的影响，能够在关键时刻集中注意力，发挥最佳水平。

5. 有较强的抗压能力。外部注意训练帮助高尔夫球运动员在面对压力时

能够更专注于比赛任务和目标，而不是一味焦虑和紧张。

四、强化外部注意训练的方法

在高尔夫球运动中，强化外部注意训练的方法有以下几种：

1. 目标导向训练。通过设置具体的击球目标，如特定的球洞或区域，帮助运动员将注意力集中在目标上。教练可以在训练中设置不同距离和难度的目标区域，逐步提高运动员击球的精度和稳定性。教练可以设定具体的目标（如旗杆、果岭的特定区域），要求运动员专注于这些目标，而非自己的身体动作。这种训练强调结果导向，帮助运动员自然而然地调整自己的动作以取得最佳效果[126]。

2. 视觉引导训练。利用视觉引导，如标记击球路径或目标点，帮助运动员在挥杆过程中保持外部注意。教练可以在球场上设置标记物或使用彩色胶带，指导运动员关注击球路径和落点，而不是挥杆的细节动作。

3. 环境模拟训练。在训练中模拟比赛环境和变化，如风速、草地条件和地形变化，让运动员在实际比赛中更好地适应外部环境。教练可以设计各种情境训练，帮助运动员在不同的环境条件下保持外部注意，提高适应能力。

4. 视频分析和即时反馈。利用视频分析和即时反馈，帮助运动员识别和改正动作中的问题。通过即时的视觉分析和口头反馈，运动员可以快速调整动作，减少对错误的过度关注，保持外部注意。

5. 任务导向的模拟比赛。在训练中模拟比赛情境和压力，让运动员在高压环境下保持外部注意。教练可以设计强度和压力均较高的比赛情境，让运动员在这些情境中训练保持外部注意和专注力。

6. 自我控制学习。鼓励运动员在训练中自我设定目标和反馈时间，这种自我控制的学习环境能够提高外部注意的效率和运动员的自主性。

通常注意力分两种：外部注意和内部注意。内部注意主要是指专注于身体动作，比如转髋、转肩等。外部注意主要是指专注于身体以外的事物，比如球杆、握把或击球目标等。

教练可以通过给运动员设置一个外部关注点，如球杆、杆身、握把，再设置一个内部关注点，如转髋、转肩等，并通过雷达测试击球数据，进行对比分析，从而了解适合运动员的注意模式。

通常职业高尔夫球运动员更倾向于外部注意，初学者更倾向于内部注意。外部注意要比内部注意更有效，例如，注意力放在球杆上或击球目标上比放在身体上更有效。但现实的教学训练中，大多数教学都将注意力放在内部注意上。

第二十三节　慢挥杆训练

一、概念

慢挥杆训练是指通过有意识地放慢挥杆速度来帮助运动员更准确地掌握挥杆动作的每一个细节的训练方法。这种训练方法强调对动作的细节感知和控制，促进运动员对技术细节的深入理解和身体协调性的提高。慢挥杆训练不仅有助于改进技术，还能增强运动员对挥杆动作的心理感知，从而提高整体动作表现的一致性和准确性。

二、理论基础

慢挥杆训练的理论基础主要是动作学习理论。动作学习理论认为，通过缓慢和重复的训练，运动员可以更有效地将感知信息与动作输出相整合，从而达到技术的精准化和自动化。此外，心理学中的有意训练理论也支持慢挥杆训练的有效性。有意训练理论强调，在专家指导下系统地进行设计良好的训练任务，能显著提高个体技能水平。慢挥杆训练通过放慢动作速度，使运动员有更多的时间来处理感觉反馈，细致调整身体姿态和动作协调，最终达到技术上的精进。

三、良好慢挥杆训练的具体表现

进行良好慢挥杆训练的高尔夫球运动员通常会有以下具体表现：

1. 动作细节的高度感知。运动员能够准确感知并描述挥杆过程中的每一个动作细节，包括握杆的力度、手腕的转动、力量分配等。

2. 技术错误的及时纠正。通过慢速执行，运动员可以即时发现并修正挥杆动作中的技术错误，如杆面开合角度不当、身体重心转移不充分等。

3. 动作节奏的优化。慢速训练有助于运动员找到最适合自己的挥杆节奏，从而达到保持动作的流畅性和自然性的目的。

4. 自信心的增强。随着技术动作的精确性和一致性的提升，运动员在实战中表现出更高的自信，能够更加从容地应对竞赛压力。

四、进行慢挥杆训练的方法

在高尔夫球运动中，慢挥杆训练方法的设计应遵循以下步骤：

1. 动作分解。应将挥杆动作分解成几个关键阶段，如起杆、上杆顶点、下杆、击球和随挥。教练需要确保运动员在每个阶段都能准确执行技术动作。

2. 逐步执行。在初学阶段，教练应指导运动员逐步执行每个动作阶段，注意细节的准确性和动作的协调性。

3. 整合训练。在单个动作得到熟练掌握后，开始进行连贯的动作训练，逐渐增加动作的连续性，同时继续保持对技术细节的关注。

4. 反馈与调整。运用视频分析工具进行动作捕捉，通过视频回放让运动员观看自己的挥杆动作，教练提供即时反馈和必要的技术调整建议。

5. 速度逐渐增加。当运动员能够准确无误地完成慢速挥杆训练后，逐渐加快挥杆速度，直至达到比赛中的正常速度，同时确保技术的准确性不受影响。

在日常训练过程中，无论是职业选手还是业余选手，几乎都喜欢采用全速挥杆击球的方式训练，但大量研究发现，慢动作能够加深高尔夫球运动员的动作意识，提高身体感知能力，慢动作训练更有利于提升挥杆速度。

我们也会经常听到许多高尔夫球运动员抱怨：我非常清楚这个动作该怎么做，但就是做不到！主要原因是他们一直在用全力击球，没有掌握慢动作。当用全力击球时，身体不能有效地建立神经肌肉反馈。一项技术动作，如果不能用慢动作完成，那么用快动作也一定无法完成。因此，在进行高尔夫球技术教学训练时，要帮助运动员掌握慢动作，即以非常缓慢的速度完成挥杆动作或推杆动作。

在慢速挥杆过程中大脑、神经、肌肉可以充分感知身体和球杆在特定空间的相对位置。如果让高尔夫球运动员以正常挥杆速度的一半进行挥杆击球，经过半年多的训练，其击球质量和击球效果会明显提升。主要原因是：当用一半速度击球时，能够避免很多错误动作，因为很多错误动作是击球动作过快或冒险激进的心理所致。

慢动作训练对加快技术动作的学习进程是非常重要的。比如，在日常训练中，可以采用最慢挥杆速度训练5颗球—正常挥杆速度的一半速度训练5颗球—正常挥杆速度训练5颗球的方式进行技术学习和训练，这不仅能提高技术训练质量，还能提高高尔夫球运动员的专注力。

第二十四节　表象训练

一、概念

表象训练，也称为视觉化或心理模拟训练，是一种心理技巧训练，通过在脑海中创造或重现高度详细和生动的感觉体验来提高运动技能，增强运动表现。这种训练涉及模拟特定的运动技能、策略或比赛结果，从而在无须物理执行的情况下提高运动员的技能和策略准备[168]。

二、理论基础

表象训练的理论基础主要是生物信息理论。该理论认为，心理图像不仅涉及视觉表象，还包括与动作相关的生理和情绪状态[169]。此外，运动表象理论提出大脑中模拟运动执行的过程可以增强运动神经路径，即使没有实际进行物理活动也能改善技能[170]。这些理论强调，通过心理训练，运动员可以在大脑中构建和强化执行特定运动技能的神经路径，从而提高动作效率和准确性。

三、良好表象训练的具体表现

在高尔夫球运动中，良好表象训练的具体表现包括：

1. 技能精化。运动员在没有实际击球的情况下，通过心理训练来完善摆杆动作和击球技巧，使技能精化。

2. 策略准备。运动员在比赛前通过表象训练模拟不同的比赛场景，以提前准备应对策略。

3. 情绪调节。通过想象成功的场景来增强自信和积极情绪，或通过想象压力情景并训练冷静应对来减少比赛中的焦虑。

四、表象训练的方法

对于高尔夫球运动员而言，以下是有效的表象训练方法：

1. 基础视觉化训练。开始阶段，教练应指导运动员在安静的环境中闭眼，想象自己在球场上的表现，包括击球的声音、手感以及击出的球飞行的轨迹和落点[171]。

2. 多感官整合。随着运动员熟练度的提高，应增加听觉、触觉和情绪感受，使表象训练更全面和真实[172]。

3. 特定技能重复训练。针对运动员的弱点，设计特定的视觉化训练，反复训练以增强特定技能的表象准确性和效果。

4. 比赛情境模拟。在训练中模拟比赛中的具体情境，如重要比赛的最后一杆，帮助运动员提前在心理上准备应对压力。

5. 反馈与调整。表象训练后，教练应提供反馈，帮助运动员调整其表象中的不准确之处，确保心理训练的质量和效果。

表象训练法有一个非常经典的案例：美军少校纳斯贝夫在越南当战俘的时候，被关在一个小笼子里，甚至都不能笔直地站立，囚禁了7年。但是，他却运用了想象力，每天想象着自己打高尔夫球，他仔细想象着打高尔夫球比赛的每个细节，在大脑中不断地重复着每个细节。他获释的时候，直奔高尔夫球场，想要证明一下自己的"训练效果"，结果发现，他打高尔夫球的技能显著提高了，虽然这七年里他根本没有碰过高尔夫球杆。

表象训练法可以加快技术动作的学习速度。运动员可以在脑海中想象身体动作中的每个细节，想象细节越生动，脑海中的图像越清晰，效果越好。通过想象的方式将一个动作清晰地在脑海中呈现出来，将更有利于提升高尔夫球运动员在学习技术动作过程中的感知力，原因是大脑皮层运动区的活动和实际动作非常接近，大脑在想象思考和实际运动时激活的神经回路是同一个回路，最大的区别在于肌肉是否参与了运动。

第二十五节　自信心培养

一、概念

自信心是指个体对自身能力、判断和成功的期望感，它不仅影响个体在面对挑战和压力时的表现，也在很大程度上决定个体能否实现预定目标。在高尔夫球训练和比赛中，自信心尤为重要，因为高尔夫球运动是一项需要高度心理稳定性和技术精确度的运动。自信心的高低不仅影响高尔夫球运动员在比赛中的表现，还会影响他们面对失败和挫折时的应对能力和恢复速度。通常，自信的高尔夫球运动员更有可能在压力大的比赛中保持冷静，执行出色的击球，并有效地管理比赛进程[173–181]。

二、理论基础

自信心的理论基础主要是运动自信理论。运动自信理论由韦利（Vealey）于1986年提出，专门针对运动情境下的自信心进行研究[182]。韦利提出，运动自信是一种“运动特定”的心理状态，是指运动员在运动环境中特有的自信心。该理论强调以下几个方面：

1. 多维性。运动自信包括认知、情感和行为三个维度。认知维度涉及运动员对自己能力的判断，情感维度涉及运动员在比赛中的情绪状态，行为维度则是运动员在比赛中的实际表现。

2. 情境特异性。运动自信具有情境特异性，这意味着运动员在不同的运动情境中，其自信水平可能会有所不同。比如，一个运动员在推杆时可能非常自信，但在长打时可能信心不足。

3. 动态性。运动自信是动态的，会随着时间、经验和环境变化而变化。

韦利还提出了影响运动自信的因素，包括过去的表现、替代经验、言语说服和生理状态。

三、具备自信心的具体表现

在高尔夫球运动中，具备自信心的具体表现包括：

1. 技术自信。高尔夫球运动员相信自己掌握的技术可以在比赛中有效地执行。

2. 战术自信。高尔夫球运动员对自己的比赛策略和决策过程充满信心。

3. 压力下自信。即使在高压或关键时刻，高尔夫球运动员也能保持自信，正确执行技术。

4. 恢复力强。在遭遇不利局面后，高尔夫球运动员能迅速恢复信心，调整状态继续比赛。

四、自信心培养的训练方法

为了培养高尔夫球运动员的自信心，可以采用以下训练方法：

1. 设定具体目标。教练应帮助高尔夫球运动员设定可达成的短期和长期目标。目标应具体、量化，并能给高尔夫球运动员带来连续的成功体验，这是建立自信心的关键[149]。

2. 正面心理暗示。通过正面言语的强化可以增强高尔夫球运动员的自信心。教练和心理咨询师应该定期与高尔夫球运动员进行交流，强调其优点和进步，而不仅仅是技术上的短板。

3. 模拟训练。在训练中模拟比赛情景，让高尔夫球运动员在类似比赛的环境中训练，可以增强他们在实际比赛中的自信心。这包括处理压力、从错误中恢复以及在关键时刻的表现。

4. 视觉化训练。通过视觉化技巧，引导高尔夫球运动员在心中重复想象成功的场景，包括优秀的击球、赢得比赛的时刻等。这种方法有助于增强高尔夫球运动员的内在信念和比赛中的表现。

5. 回顾与反馈。定期回顾高尔夫球运动员的表现并提供具体的、建设性的反馈，强调高尔夫球运动员的努力和进步而非只关注结果，可以帮助他们建立并维持自信心。

在激烈的高尔夫球比赛过程中，高尔夫球运动员的自信状态将更有助于获得良好的身体动作表现，也会给对手施加一定的压力。

有研究发现，当在做驼背、弯腰、耸肩等动作时，身体会释放皮质醇（皮质醇通常在压力下产生），皮质醇不仅会让人难以集中注意力、让人感到压抑和压力，还会带来严重的负面情绪。但当身体站立挺拔时，身体会释放睾酮（男女都会有），睾酮是能够有效提升运动表现的激素，体内睾酮含量越高，人们的自我感觉会越好，人对力量和控制就会越敏感。

在高尔夫球运动中，心态不好的话，很难打出好球。因此，高尔夫球运动员先要主动调整自身心态。众所周知，在一场高尔夫球比赛中，90%的时间是非击球时间，高尔夫球运动员在击球阶段的身体形态会影响击球效果。肢体语言会对整场球的成绩表现产生巨大的影响。像大家熟知的世界优秀职业高尔夫球运动员伍兹、麦克罗伊、米科尔森等人在赛场中的行走间隙也是通过肢体语言来保持思维高度集中的。

很多高尔夫球运动员在击完球后习惯性往下看，甚至无意识地保持眼神向下，这样不利于保持自信。向下看时，肢体语言会随之消极起来。我们经常看到有高尔夫球运动员因为一杆失误后就低着头，耷拉着脑袋。当视线向上时，肢体语言也会向上，思维质量也会提高，睾酮的释放也会超过皮质醇的释放。有研究发现，高尔夫球运动员在不打球的间隙，视线始终向上，比如，在旗杆之上或树梢的高度时，有助于成绩提高至少 1%。所以，我们经常看到很多优秀高尔夫球运动员，如伍兹、麦克罗伊、舍夫勒等人，当打完一杆，从球道上走向下一杆时，他们的视线是保持在果岭旗高度甚至更高的高度的，整个人是昂首挺胸的。

保持积极向上的肢体语言能够向大家传递高昂斗志、不妥协和不放弃的体育运动精神。因此，培养积极向上的肢体语言是非常重要的，这对于高尔夫球运动员自信心的培养是非常重要的，越早养成好习惯，越早从中受益。

第二十六节　果岭心理训练

一、概念

果岭心理训练是专门针对高尔夫球果岭上的心理技能和策略的训练，旨在帮助运动员在推杆过程中提高专注力、管理压力和优化决策，获得理想成绩。在高尔夫球运动中，果岭是决定比赛成败的关键区域，运动员的心理状态在这一阶段尤为关键，它直接影响推杆的准确性和一致性。

二、理论基础

果岭心理训练的理论基础主要是注意力控制理论。注意力控制理论强调在高压环境下保持有效的注意力聚焦是至关重要的[56]。运动员必须在果岭上学会将注意力从潜在的干扰因素中解脱出来，集中于推杆动作的每一个细节。

三、具备良好果岭心态的具体表现

具备良好果岭心态的高尔夫球运动员通常有以下几个方面的具体表现：

1. 高度集中。运动员能够在整个推杆过程中保持高度集中，不受外界干扰。

2. 有效管理情绪。即使面对压力大的推杆，也能有效管理自己的情绪，保持冷静。

3. 自信。对于每一次推杆都保持坚定的自信，相信自己的推杆技巧。

4. 快速适应。能够根据果岭具体情况（如草地状况、坡度等）快速调整推杆策略。

5. 恢复力强。在推杆失败后能快速调整心态，准备下一杆。

四、果岭心理训练的方法

为了在果岭上表现更加出色，高尔夫球运动员可以采取以下心理训练方法：

1. 正念冥想。通过训练正念冥想，运动员可以提高在高压环境下的心理存在感和专注力，学会在推杆前将注意力从周围环境转移到即将执行的动作上。

2. 目标设定。为每次训练和比赛设定具体的心理目标，如“保持冷静”或“只专注于推杆动作”，通过这种方式训练心理聚焦能力。

3. 视觉化训练。运用视觉化技巧，让运动员在心中预演成功的推杆过程，包括球的路线、速度和最终落点，以增强其心理预期和自信。

4. 压力模拟训练。在训练中模拟比赛中的高压环境，如通过增加观众噪声、设定时间限制等方式，训练在这种环境下的心理调节能力。

5. 反馈和自我反思。通过视频回放和教练反馈帮助运动员分析每次推杆的心理状态，识别需要改进的心理技能，并进行有针对性的训练。

进行果岭心理训练应牢记：

第一，速度和力度远比推球线更重要。过洞 1 英尺（1 英尺=0.304 8 米）的推击距离训练能增加进球概率。控制推球速度，推球过洞 1 英尺是推球进洞最合适的速度。控制球速有增大球洞尺寸的作用。有研究发现，如果推球超过球洞 2 英尺而非 1 英尺，则相当于将球洞尺寸缩小了 59%。因此，要专注于推球的速度和力度。

第二，在推球时，可以通过在脑海中想象来模拟推球进洞的线路。

第三，推球前，从四个位置读果岭，一是从球后侧看，二从拐线处看，三从果岭较低一侧看，四从球对面看。

第二十七节　重置大脑训练

一、概念

重置大脑训练是一种旨在帮助运动员通过心理技巧和神经科学方法优化大脑功能的训练方法。这种训练关注改善认知功能、提高专注力、提高心理弹性，并通过心理和生理的调整，帮助运动员达到最佳竞技状态。在高尔夫球训练中，重置大脑训练特别关注提高运动员的集中力、决策速度和压力下的表现[183]。

二、理论基础

重置大脑训练的理论基础主要是神经可塑性理论。该理论认为，大脑的结构和功能可以通过经验和学习进行改变[184]。同时，该训练还融合了认知行为疗法的理念，特别是在调整和优化运动员的思维模式和行为反应方面。此外，心理调节和注意力控制理论也为重置大脑训练提供了支持，强调通过专注和心理技巧训练优化心理状态和大脑的反应[185]。

三、重置大脑训练的具体表现

在高尔夫球运动中，接受了重置大脑训练的运动员通常会有以下具体表现：

1. 注意力高度集中。能够在长时间的比赛中保持高度集中。

2. 决策效率提升。在比赛中快速准确地做出战术决策。

3. 增强心理适应性。在面对不利情况时，能快速调整心理状态，维持稳定表现。

4. 优化压力管理。有效管理比赛压力，将潜在的负面影响转化为正向动力。

四、重置大脑训练的方法

在高尔夫球运动中，重置大脑训练有以下几种方法：

1. 神经反馈训练。使用神经反馈设备监测大脑活动，运动员通过实时反馈学习如何控制特定的大脑波动，从而改善注意力状况和减少焦虑[186]。

2. 认知行为干预。通过认知行为干预疗法帮助运动员识别和改变那些限制性的或负面的思维模式，促进形成积极的心态和行为。

3. 专注力训练。通过持续的专注力训练，帮助运动员在高压环境下保持冷静和集中。

4. 心理弹性建设。结合心理讲座、工作坊和个体辅导，加强运动员的逆境应对能力，提高其在面对失败和压力时的心理恢复力。

5. 模拟训练。在模拟的高压竞赛环境中训练，帮助运动员习惯在竞技压力下执行技能，以提高实际比赛中的表现。

6. 九洞重置法。将十八洞分为九大板块，相当于给大脑九次重置机会。当完成两洞时，无论成绩好坏，失误与否，迅速将专注力放在即将开始的两洞，并告诉自己将专注力放在当下。

在高尔夫球比赛中，如何将不良的身心状态快速恢复至正常且积极的竞赛状态事关比赛成败。调整速度越迅速，对成绩的不利影响越小。通常，高水平职业高尔夫球运动员具备较强的自我调整能力。

第二十八节　重过程轻结果训练

一、概念

重过程轻结果训练是一种心理训练方法，旨在帮助高尔夫球运动员将注意力集中在每个击球的过程和执行上，而不是最终结果上。通过培养这种思维方式，运动员可以减少对比赛结果的焦虑，提升在比赛中的表现和心理稳定性。重过程轻结果训练强调关注细节和持续改进，通过每一次挥杆的技术细节和心理状态优化整体表现。

二、理论基础

重过程轻结果训练的理论基础主要是注意力控制理论和自我决定理论。注意力控制理论强调通过管理个体的注意力分配来提高表现水平，尤其是在压力环境下[187]。自我决定理论则提供了动机的视角，说明当个体关注内在满足和个人成长（即过程）而非外在奖励（即结果）时，他们的内在动机和整体表现会更加优秀[188]。

三、重过程轻结果训练的具体表现

在高尔夫球训练和比赛中，重过程轻结果训练的具体表现包括：

1. 保持高度的专注力。具备重过程轻结果思维的高尔夫球运动员在每次挥杆时能保持高度的专注力。他们关注击球过程中的每一个细节，如握杆、站姿、挥杆轨迹等，而不是担心击球的最终结果。

2. 有稳定的心理状态。这些高尔夫球运动员在比赛中表现出稳定的心理状态，不因单次击球的成功或失败而大起大落。他们能够保持冷静，专注于下一次击球的执行。

3. 能进行持续的技术改进。由于关注过程而非结果，这些高尔夫球运动员在每次训练和比赛后都能进行有效的反思和总结，不断改进自己的技术和策略。他们会记录和分析每一次击球的过程，寻找改进的空间。

4. 自信心增强。重过程轻结果训练可以帮助高尔夫球运动员增强自信心，因为他们关注的是可控的技术细节和努力程度，而不是不可控的比赛结果。这样的思维方式使他们在面对挑战时更加自信。

5. 有更强的抗压力能力。这些高尔夫球运动员在高压环境下表现出更强的抗压力能力。他们不会因考虑比赛结果而分心，而是能将比赛结果的压力转化为专注于过程的动力。

四、重过程轻结果训练的方法

为了在高尔夫球运动员中培养重过程轻结果的思维，以下是一些有效的训练方法：

1. 目标设定。鼓励运动员设定与技术和个人表现相关的具体目标，而非仅仅关注赢得比赛。例如，设定目标改进推杆技术或提高开球的准确性。

2. 自我反馈系统。帮助运动员记录并分析自己的每一次训练和比赛，关注技术执行和策略应用的细节。

3. 正念冥想。正念冥想能够帮助运动员在比赛中保持当下意识，专注于当前杆的执行，减少对结果的预期和焦虑。

4. 角色扮演和情景模拟。通过模拟比赛中的各种情景，让运动员在非竞技环境中训练应对策略和技术调整，从而在比赛中能更加专注于执行而非结果。

5. 教练的反馈。教练在提供反馈时应侧重于运动员的努力和执行质量，而非仅仅强调赢得比赛或得分。

关注过程比关注结果更有利于竞技能力的发挥。将注意力放在可控的过程上，能够增加高尔夫球运动员的自信心，尤其是在压力较大的时刻。在日常训练和比赛中应刻意关注过程而非结果，着重关注击球流程是否到位。当高尔夫球运动员把注意力放在过程上时，大脑会更加清晰，能够释放自身潜能。

第二十九节　赛前赛后心理训练

一、概念

赛前赛后心理训练是指在比赛前和比赛后，针对运动员的心理状态进行系统化的训练和调整，以帮助运动员在比赛中表现最佳，并在比赛后进行有效的心理恢复。赛前心理训练主要包括情绪调节、焦虑管理和集中注意力，赛后心理训练则注重情绪释放、反思和恢复。这种训练方法在青少年高尔夫球运动员中尤为重要，因为他们处于心理发展和竞技能力提升的关键阶段，需要通过科学的心理训练来优化整体表现。

二、理论基础

赛前赛后心理训练的理论基础主要是情绪调节理论和心理训练的适应性理论。情绪调节理论强调个体通过调整其情绪体验和表达，来影响其心理和行为状态。比如，赛前心理训练通过情绪调节技术，如深呼吸和积极自我对话，帮助运动员管理比赛前的焦虑和紧张情绪，从而在比赛中保持冷静和专注[189]。心理训练的适应性理论基于运动员在不同时间阶段对训练内容敏感性的变化。例如，赛前紧张的环境要求运动员进行更多的放松和集中注意力的训练，而赛后则更多需要恢复和正向反思的训练[190]。此外，过多的心理激活有可能导致表现下降，因此，赛前过度的思维训练有可能造成心理处于“过度激活”状态[191]而造成表现下降。

三、进行赛前赛后心理训练的具体表现

进行赛前赛后心理训练的高尔夫球运动员的具体表现如下：

1. 比赛前表现。

（1）情绪稳定。在比赛前，能够通过情绪调节技术管理紧张和焦虑，保持冷静和专注。

（2）积极心态。运用积极自我对话和视觉化技术，提高自信心和比赛动力。

（3）明确目标。设定具体、可实现的比赛目标，并通过心理训练来集中注意力，准备迎接挑战。

2. 比赛中表现。

（1）专注力高。在比赛中，能够保持高度集中，不受外界干扰，专注于每一次击球。

（2）灵活应对。面对突发情况，能够迅速调整心态和策略，保持冷静和理性决策。

（3）情绪控制力强。在比赛中保持积极和乐观的情绪，不因失误而影响整体表现。

3. 比赛后表现。

（1）情绪释放。能够通过适当的方法释放比赛中的紧张和压力，避免情绪积累。

（2）积极反思。赛后进行详细的比赛回顾和反思，找出成功和失败的原因，并制订改进计划。

（3）迅速恢复。通过心理和生理恢复训练，快速调整状态，准备下一次比赛。

四、赛前赛后哪些事情不宜做

赛前赛后有些事情是不能做的。

1. 赛前不宜进行的思维训练。

（1）过度分析技术细节。赛前过度分析技术和战术可能导致“分析性麻痹”，增加认知负荷，影响自然技能的表现。

（2）过度自我反省。赛前进行深度的自我反省可能引发对之前失败的回忆，增加赛前焦虑和不确定感。

2. 赛后不宜进行的思维训练。

（1）过度批评。立即对比赛结果进行严厉批评可能影响运动员的自信心和动机，阻碍有效的学习和心理恢复。

（2）长时间进行战术分析。赛后应专注于心理恢复，过早或过度地分析比赛细节可能导致运动员过度疲劳和情绪低落。

五、赛前赛后心理训练的注意事项

赛前赛后心理训练的注意事项如下：

1. 赛前应避免的训练。避免过度使用视频回放分析即将对抗的对手，以减少过度战术焦虑。减少高强度的心理激励训练，如激烈的情绪唤起，以免过度激活。

2. 赛后应避免的训练。避免立即进行深度战术反思，给予运动员足够的时间进行情绪上的放松和回归。避免在未进行充分情绪调节前对个人表现进行严苛评价，以免增强负面情绪。

3. 忌赛前改动作。有很多高尔夫球运动员在临近比赛前会去训练场改动作，这种行为会极大影响比赛中的正常发挥。修正一个动作，在非常专注的状态下，需要至少 650 次的强化训练才能达到一定的效果，在赛前临时调整动作不仅达不到理想效果，还会破坏原有动作的流畅性和稳定性。因此，在赛前的技术动作训练应放在专注于挥杆动作的流畅性上，而非技术动作的调整上。

4. 忌赛后立刻投入训练。有很多高尔夫球运动员会在比赛结束后，第一时间到训练场寻找不良表现和出现问题的原因。在一场比赛结束之后，高尔夫球运动员会出现明显的身心疲惫和情绪不稳定状态，此时去训练场的效果会比较糟糕。最合理的赛后做法是：首先是充分休息，其次是补充能量，最后是复盘。

在复盘过程中询问四个关键问题，并用笔详细记录。第一问：哪些地方表现得好？第二问：哪些地方可以做得更好？第三问：如何才能做得更好？第四问：我需要采取哪些具体的行动？

第三十节　内控型高尔夫球运动员训练

一、概念

内控型高尔夫球运动员训练是一种专注于培养运动员自主调节和控制能力的训练方法。这种训练方法强调运动员对自身表现和情绪的掌控，而不是依赖外部环境或他人的反馈。内控型高尔夫球运动员能够自我激励，具有较强的自我效能感，并能够在压力和挑战中保持稳定的心理状态。对于高尔夫球运动员而言，内控型训练尤其重要，因为高尔夫球比赛要求有高度的专注力和心理稳定性。

二、理论基础

培养内控型高尔夫球运动员的理论基础主要是自我决定理论和控制理论。自我决定理论强调，自主性、能力感和相关性三大基本心理需求的满足是推动个体行为的关键动力。研究表明，当运动员感觉到他们的行为是自我决定的时，他们的内在动机、持久性和表现都会得到提升[192]。控制理论认为，个体会自然地寻求控制环境以满足个人目标的需求。

三、内控型高尔夫球运动员的具体表现

内控型高尔夫球运动员的具体表现包括：

1. 高自我效能感。坚信自己可以控制比赛的结果和自己的技术表现。

2. 情绪自主管理。在比赛压力下能够独立管理自己的情绪，不受外部环境的扰动。

3. 目标导向。能够设定并坚持追求个人的比赛目标，不因外界评价而动摇。

4. 灵活决策。根据比赛的实时情况灵活调整策略，展现出高度的场上智慧和应变能力。

5. 反思与学习。比赛后能主动分析自己的表现，从错误中学习并调整训练计划。

四、培养内控型高尔夫球运动员的训练方法

培养内控型高尔夫球运动员的训练方法如下：

1. 自我反思训练。鼓励高尔夫球运动员进行自我反思，通过训练日志记录自己的训练和比赛表现，以及自己对表现的感受和反思。这种方法有助于高尔夫球运动员清晰地认识到自己的强项和待改进的领域。

2. 设定目标。指导高尔夫球运动员设定具体、可度量、可实现、相关性强和时间限定的目标（SMART目标），并定期检查这些目标的进展，调整策略以保持高尔夫球运动员的内部动机和自主性。

3. 情绪调节训练。提供情绪调节工具，如正念冥想、呼吸技巧和情绪重构等，帮助高尔夫球运动员在高压情境下维持冷静和专注，增强自我控制力。

4. 决策技能训练。通过模拟比赛的决策情境，培养高尔夫球运动员的快速反应和决策能力。这可以通过视频分析、角色扮演和场景模拟等方式进行。

5. 增强自我效能。通过技术精确的训练和积极的反馈机制，逐步建立高尔夫球运动员的自信心和控制感。成功的体验是增强自我效能的关键。

内控型是根据人的归因特点划分的一种人格类型，与外控型相对。内控型个体的特点是：将成败的原因归于自己，相信凡事操之在己，将成功归因于自己的努力，将失败归因于自己的疏忽，自愿承担责任。对待内控型高尔夫球运动员，要给他更多的挑战。

外控型个体则相反，认为命运掌握在别人手中，成败在于教练水平，个体更倾向于将失败归因于外界环境干扰。对待外控型高尔夫球运动员，要等他彻底吸收前面的知识之后再教授新的知识点，不能操之过急，要注重帮助外控型高尔夫球运动员建立自信。

研究发现，内控型高尔夫球运动员的成绩比外控型好。因此，教练应重视内控型高尔夫球运动员的培养。

第三十一节　避免拔苗助长

一、概念

避免拔苗助长是指在高尔夫球训练过程中，合理安排训练强度和进度，避免过早地集中于高强度和专业化训练。这种方法强调循序渐进，关注运动员的长期发展，而不是追求短期的快速提高。拔苗助长的训练方式可能会导致运动员在技术、心理和生理方面的负荷过度，进而影响其发展和表现。

二、理论基础

避免拔苗助长的理论基础主要是发展心理学和训练负荷管理理论。发展心理学强调每个成长阶段都有其特定的心理和生理需求。依据近端发展区理论，教练应当在运动员能力的近端发展区提供指导和挑战，既不应过低估计运动员的潜能，也不应超出运动员的发展阶段。此外，运动员长期发展模型也提供了体育训练中关于如何根据运动员的年龄和成熟程度来设计训练计划的指导。训练负荷管理理论指出，训练的强度和量必须与运动员的适应能力相匹配[193]。合理的训练负荷可以促进运动员的适应和进步，而过度的训练负荷会导致疲劳、受伤和训练效果的下降。通过科学的负荷管理，可以避免拔苗助长的现象，确保运动员的健康和持续进步。

三、拔苗助长训练下的高尔夫球运动员的具体表现

拔苗助长训练下的高尔夫球运动员可能会有以下具体表现：

1. 生理疲劳和受伤。拔苗助长训练可能导致运动员的生理负荷过重，表现为长期疲劳、肌肉酸痛和频繁受伤。这些生理问题会影响运动员的训练和比赛表现，并可能导致长期的健康问题。

2. 心理疲惫和倦怠。过度训练不仅影响运动员的身体健康，还会导致心理疲惫和倦怠。运动员可能表现出对训练和比赛的兴趣下降、动机不足以及情绪波动。这些心理问题会进一步影响其训练效果和比赛表现。

3. 技术进步停滞。由于过度的训练负荷，运动员可能难以在技术上取得持续的进步。他们的动作可能变得僵硬和不自然，缺乏灵活性和协调性。这种技术进步的停滞会影响运动员在比赛中的表现。

4. 比赛表现不稳定。拔苗助长训练后的运动员在比赛中的表现通常不稳定。他们可能在关键时刻表现失常，无法发挥出平时训练的水平。这种表现的不稳定性会影响运动员的信心和整体比赛成绩。

四、避免拔苗助长的训练方法

在高尔夫球运动中，要避免拔苗助长，以下训练方法是关键：

1. 多元化训练。鼓励运动员参与多种体育活动，以支持全面的身体和心理发展，减少特定运动相关的伤害和心理压力[194]。

2. 适应性训练。根据运动员的身体成熟度和心理发展调整训练计划，确保训练与运动员的个人发展阶段相匹配。

3. 心理技能训练。定期进行心理技能训练，如目标设定、自我对话和压力管理，帮助运动员发展应对比赛压力的策略。

4. 持续的反馈和支持。提供持续的反馈和情感支持，帮助运动员理解成长和发展是一个长期的、非线性的过程。

拔苗助长行为是导致我国众多职业高尔夫球运动员在青少年阶段成绩不错，步入成年后成绩便一落千丈，很难维持青少年阶段的优异成绩的原因之一。

调查显示，忽略孩子年龄而产生不切实际的期望，才是孩子成功最大的障碍。美国体育健康协会曾指出："处于发育期的儿童和青少年参与多种体育运动，可以激发孩子的潜力，只有在孩子生理、心理和社交能力全面发展之后，再展开专项训练，往往能取得事半功倍的效果。"过早的专项训练和重复性机体使用，容易导致青少年筋腱、韧带和骨骼生长不均，会增加肌肉、筋腱、骨骼间软组织、膝踝关节的受伤风险。

第三十二节　以训带赛训练

一、概念

以训带赛训练是一种在训练过程中模拟比赛情境的训练方法，旨在通过在高仿真度的环境中训练，使高尔夫球运动员在实际比赛中更具适应性和有更充分的心理准备。此方法强调在训练中引入比赛压力和竞争氛围，从而帮助运动员在真实比赛中表现出更高的稳定性。

以训带赛训练是一种体育训练理念和实践方法，其核心思想是通过模拟比赛环境和条件来进行日常训练，从而使运动员在真实比赛中能够更好地适应和表现。在高尔夫球训练中，这种方法特别强调在训练过程中创造与比赛相似的压力、环境和挑战，以提高运动员的比赛实战能力。

二、理论基础

以训带赛训练的理论基础可追溯到应激与应对理论[67]。应激与应对理论着重于如何通过逼真的训练情境帮助运动员学会识别和管理比赛中的应激反应，主要关注个体在面对压力和挑战时的心理和行为反应。该理论在高尔夫球心理训练中的应用尤为重要，因为高尔夫球运动是一项要求高度专注和情绪控制的运动，运动员经常需要面对各种压力和不确定性。具体应用场景包括：比赛前压力管理、比赛中压力应对、比赛后恢复与反思，以及长期心理韧性培养。

三、以训带赛训练的具体表现

在高尔夫球运动中，以训带赛训练的运动员通常有以下具体表现：

1. 有应对压力的能力。在比赛压力下仍能保持稳定的技术执行和决策能力。

2. 环境适应性强。能够快速适应不同的比赛环境和条件，如不同的场地、气候变化等。

3. 心理韧性强。在面对挫折和不利情况时，能够迅速恢复并调整心态，保持竞技状态。

4. 战术和策略灵活。能够根据比赛情况灵活调整战术和策略。

四、以训带赛训练的方法

在高尔夫球运动中，以训带赛训的训练方法有以下几种：

1. 模拟比赛训练。安排训练时尽可能模拟真实比赛的条件，包括比赛日程的模拟、规则要求，甚至观众的存在（模拟观众压力）。

2. 情境压力训练。创造高压训练情境，如设置时间限制、得分要求或在困难环境下进行训练，以提高运动员在实际比赛中的应对能力。

3. 反馈和视频分析。在模拟训练后提供详细的反馈和视频分析，帮助运动员识别错误并进行调整。

4. 心理技能训练。结合心理技能训练，如目标设定、自我对话、正念和视觉化训练，以增强训练的效果。

5. 交叉训练。采用不同的比赛形式和队伍配置进行交叉训练，增加变化和不可预测性，提高运动员的适应性和灵活性。

“平时训练挺好，一到比赛便发挥不出训练水平。”这是很多高尔夫球运动员经常面临的问题，主要原因是日常训练与真实比赛环境不符，导致训练内容无法有效转化到比赛场上。因此，在日常训练中，教练应多采用以训带赛训练方法，模拟比赛环境进行训练，以比赛需求为原则设计训练内容及训练方法，也就是比赛需要什么能力，就针对性训练培养相关能力。

第三十三节　降低恐惧训练

一、概念

降低恐惧训练是指通过一系列心理和行为技术帮助运动员识别、管理并减少与比赛相关的恐惧和焦虑的训练方法。在高尔夫球运动这项精密度极高、技术性极强的运动中，恐惧往往会影响运动员的表现，导致他们在关键时刻无法发挥出最佳水平。

二、理论基础

降低恐惧训练的理论基础主要是认知行为疗法和暴露疗法。认知行为疗法提供了一种框架，通过认知重构帮助运动员改变对恐惧情境的负面认知，从而减少由这些认知引起的情绪和行为反应[195-214]。暴露疗法则通过有系统地将运动员暴露于他们害怕的情境中，帮助运动员习得恐惧情境的管理技巧并逐步减少恐惧反应。

三、低恐惧高尔夫球运动员的具体表现

在高尔夫球运动中，运用降低恐惧训练法的运动员具体表现为：

1. 自信提升。运动员在训练和比赛中更加自信，能够适应压力大的情境，如关键推杆或重要赛事。

2. 焦虑水平降低。在比赛前和比赛中，运动员显示出较低的焦虑水平，

能够保持冷静和集中。

3. 情绪控制力增强。运动员在面对挑战和压力时，能有效管理和调节自身情绪。

4. 技术稳定性提升。运动员能更稳定地执行技术动作，特别是在技术要求较高的击球中。

四、降低恐惧训练的方法

在高尔夫球运动中，降低恐惧训练的方法有以下几种：

1. 认知重构。教练应帮助运动员识别和挑战那些导致恐惧的不合理思维，如对失败的过度担忧，通过合理化思维来减轻恐惧感。

2. 渐进式暴露。逐步让运动员在控制环境中面对他们害怕的情境，如通过模拟比赛增加对比赛压力的适应能力。

3. 放松技巧训练。运用各种放松技术，如深呼吸、肌肉放松和正念冥想，帮助运动员在比赛中实时调整状态，缓解紧张和焦虑情绪。

4. 视觉化和正面想象。运用视觉化技巧让运动员在心理上预演成功的场景，使他们做好在实际比赛中面对恐惧情境的心理准备。

5. 写情绪日记。鼓励运动员记录自己在训练和比赛中的情绪变化，以便更好地了解和分析引起恐惧的情境和触发点。

6. 坦然面对内心真实状态。将自己真实的内心状态告诉他人，能有效减轻紧张和恐惧。例如，告诉队友或球童，我现在感觉有些紧张和焦虑等。

7. 赛前明确比赛目标和可能障碍。让高尔夫球运动员清晰地写出在本次比赛中想要实现的具体目标，可能面临的障碍，面对障碍时所采取的应对方案。这样做的目的是让高尔夫球运动员提前做好心理准备和预案，即便发生不理想表现，情绪也不会因此而受到较大干扰。

在比赛情境中，在处理障碍球或关键球时，很多高尔夫球运动员会出现恐惧心理。从心理学角度讲，当出现害怕恐惧时，会使人产生过分的控制反应，比如，害怕打进沙坑，就会过分地谨慎和犹豫，而导致挥杆动作不流畅，挥杆动作不完整。从生理学角度讲，害怕恐惧情绪会使血液流向身体中较大的肌肉群中，也会使肌肉紧张，这是感到手脚灵敏度下降，挥杆动作卡顿、停滞、不流畅的原因。恐惧害怕也会使肾上腺素分泌过多，使大脑变得更加神经质。

第三十四节　短杆心理训练

一、概念

短杆心理训练专指在高尔夫球运动中对推杆和切杆等短杆击球技能的心理训练方法。该训练涵盖心理准备、压力管理、注意力聚焦和情绪调节，旨在提升运动员在高压环境下的表现能力。短杆技能对高尔夫球成绩有显著影响，因其需要极高的精度和控制力，运动员的心理状态将直接影响其表现。

二、理论基础

短杆心理训练的理论基础主要是注意力控制理论。该理论强调在高压和多变环境下保持专注的重要性[56]。注意力控制理论主要研究个体如何调节和维持注意力，以应对环境中的各种刺激和任务需求。该理论认为，注意力资源是有限的，个体需要通过有效的策略优化注意力的分配和利用，特别是在压力和复杂度均较高的情境下。在高尔夫球运动中，特别是短杆（如推杆和切杆）训练中，注意力的控制和集中对技术的成功执行至关重要。

三、常参加短杆心理训练的具体表现

获得良好的短杆心理训练效果的高尔夫球运动员通常会有以下具体表现：

1. 注意力高度集中。在进行短杆击球时能有效地屏蔽外界干扰，集中注意力于击球动作和目标。

2. 情绪稳定。能够有效管理比赛中的情绪波动，维持平静，尤其在关键推杆时不受前一杆表现的影响。

3. 自信。对自己的短杆技能有高度的信心，相信自己在各种场地条件下都能表现出色。

4. 适应性强。能够快速适应不同的绿地条件，调整技术以应对不同的比赛环境。

四、短杆心理训练的方法

在高尔夫球运动中，短杆心理训练的方法有以下几种：

1. 目标设定。教练应与运动员共同设定具体、可衡量、可达成、相关性强和时间限定的目标，以提升技能和心理素质。目标设定有助于提升运动员的动机和自我效能感。

2. 注意力聚焦训练。通过模拟训练和特定训练如静眼训练来提高运动员在压力情境下的专注力。这类训练帮助运动员学会在必要时刻聚焦于关键的动作和目标点。

3. 正念冥想。正念冥想训练有助于运动员在比赛中实现“在当下”状态，有效控制情绪和压力。定期的正念训练能提高运动员的自我调节能力和冷静应对压力的能力。

4. 模拟高压情境。在训练中创建高压情境，如模拟关键比赛的最后几洞，以此来帮助运动员在实际比赛中更好地应对压力和保持技能的精确性。

5. 视频反馈和自我评估。使用视频捕捉短杆击球时的表现，随后进行分析讨论。这可以帮助运动员识别技术和心理上的不足，从而进行针对性的调整和改进。

6. 不同站姿训练。这包括正常站位、关闭站位、开放式站位。

7. 不同挥杆幅度训练。这包括二分之一挥杆训练、四分之三挥杆训练、全挥杆训练。

8. 不同握杆长度训练。这包括正常握杆训练、短5~8厘米握杆训练。

在场下的短杆是得分取胜的关键杆，但大多数高尔夫球运动员仅凭感觉去完成。职业高尔夫球运动员与业余高尔夫球运动员相比，最大的优势是擅长打短杆。

每个人都应清楚地知道，面对不同的码数，自己最擅长的球杆和打法是什么。训练短杆时要尝试不同站姿的不同打法、不同杆面角度的不同打法。在日常训练中，要让高尔夫球运动员找到自己最擅长的挥杆和相应的稳定距离并多加训练。

第三十五节　推杆心理训练

一、概念

推杆心理训练是高尔夫球运动中一种专门针对推杆环节的心理训练方法。它旨在通过心理调节和认知策略，提高高尔夫球运动员在推杆时的专注度、稳定性和决策能力。推杆作为高尔夫球比赛中决定性的一环，往往对比赛结果有着举足轻重的影响。心理训练法通过改善高尔夫球运动员的心理状态，帮助他们在压力下保持冷静，准确判断推杆方向和力度，从而提高推杆成功率。

二、理论基础

推杆心理训练的理论基础主要是静眼理论和自我效能理论。静眼理论提出，运动员在执行精准技能，如推杆时，保持视线固定在关键点上的时间越长，表现越稳定[57]。自我效能理论也在推杆心理训练中占据核心地位，强调自我效能感的提升可以显著增强运动员的心理韧性和表现[150]。

三、推杆心理训练的具体表现

在高尔夫球比赛中，经过有效的推杆心理训练的高尔夫球运动员通常有以下具体表现：

1. 注意力高度集中。在推杆执行期间能有效地排除外界干扰，集中注意力于球和目标。

2. 情绪稳定。即便在压力大的比赛环境下，也能保持冷静，控制紧张和焦虑的情绪。

3. 积极进行自我对话。在推杆前和推杆过程中，维持积极的自我暗示，增强成功的信心。

4. 保持一致性和精准度。能够在不同的比赛条件和场地上重复执行高精度的推杆。

四、推杆心理训练的方法

（一）最有效的训练方法

1. 静眼训练。通过训练在推杆前将视线稳定地集中在球或特定的目标点上几秒钟，提高推杆时的集中度和精准度。

2. 运用呼吸控制技巧。帮助运动员学习通过深呼吸来控制紧张情绪，特别是在比赛的关键时刻。

3. 情景模拟。在训练中创造与比赛相似的压力情景，使运动员习惯在压力环境下进行推杆。

4. 目标设定。设定具体和可测量的推杆训练目标，如一定数量的成功推杆，以提升技能和自信。

5. 正念和冥想训练。定期进行正念冥想，帮助运动员提高专注力，减少比赛中的心理干扰。

（二）其他训练方法

1. 推杆球感训练。第一步，在距离球洞10码（约合9.144米）的位置，均匀摆放一圈高尔夫球，作为热身的起始点。在进行推杆时，要求高尔夫球运动员迅速而果断地击球，同时密切关注挥杆的速度和杆头的轨迹，确保准确性。第二步，在距离球洞1码（约合0.914 4米）的位置，同样摆放一圈高尔夫球，进行更为精细的推杆训练。此时，高尔夫球运动员应继续保持果断的推杆动作，同时更加细致地观察和调整推杆速度与杆头轨迹，以提高精准度。

2. 推杆信心训练。设置三个不同距离的推杆目标，以距离的增加来提高得分，从而激励高尔夫球运动员在更远的距离上实现精准推杆。

3. 速度陷阱训练。通过设置障碍和距离要求，检验高尔夫球运动员对距离控制的能力。使用5颗球，要求高尔夫球运动员依次将球推得越来越远，每颗球的距离增加不超过2码（约合1.828 8米）。若挑战失败，高尔夫球运动员需进行体能训练，如蹲起跳、平板支撑或高抬腿等，以加强体能。

4. 无洞推杆训练。在没有球洞的环境中训练推杆技术，可以专注于击球动作的流畅性和准确性。高尔夫球运动员应在没有球洞的果岭区域设置目标，保持头部和身体的稳定性，依靠本能进行击球，并细致感受杆头在摆动和击球过程中的速度和触感。通过反复训练，高尔夫球运动员将能够体会到击球动作的轻松流畅和甜蜜点的准确击中，进而提高球的滚动质量。

5. 推杆压力训练。以球洞为中心，以1.5码（约合1.371 6米）为半径，在洞周围均匀设置6个推杆点位。高尔夫球运动员从第一个点位开始，连续推进

3 颗球，然后依次移动到下一个点位。若任何一杆未能推进，高尔夫球运动员必须返回第一个点位重新开始。这种训练模拟了比赛中的压力情境，要求高尔夫球运动员在连续成功与失败之间调整心态。

在上述训练中，高尔夫球运动员将不断面临失败的挑战。例如，连续推进 18 个球后，最后一个球未能推进，高尔夫球运动员需要重新从第一个点位开始。这一过程可能会引起沮丧，但高尔夫球运动员必须迅速调整心态，重新振作，否则将面临更多的失误。只有具备坚毅和抗逆力的高尔夫球运动员，才能在这种训练中取得成功。

对于 1.5 码的推杆距离，如果高尔夫球运动员在初次训练时感到不适应，可以将距离调整至1码，以降低难度。即使连续多次失败，高尔夫球运动员也不应气馁。教练应提供技巧和关键点的指导，帮助高尔夫球运动员逐步克服困难，直至成功。一旦高尔夫球运动员接受了这一挑战，他们将获得巨大的成就感，并掌握在压力下成功推球的心理技巧。

职业高手和业余选手最大的区别是：职业高手对推杆充满信心，而后者寄希望于运气。建议在日常推杆训练中要抱有每推必过洞，每推必进的信念推球，即使最后没推进也没关系，主要培养的是推杆自信心。

第三十六节　长杆心理训练

一、概念

长杆心理训练是指使用高尔夫球长杆（通常指长木杆和长铁杆）时运动员心理状态的培养和管理的训练方法。长杆通常用于球场的发球台或需要较长距离击球的情况。由于这些击球通常要求高度的准确性和较好的力量控制，因此心理训练成为提升表现的关键因素。

二、理论基础

长杆心理训练的理论基础涵盖了多个心理学理论，包括但不限于：

1. 自我效能理论。自我效能理论强调，个体对自身能力的信念是影响其行为表现的关键因素[150]。在高尔夫球运动中，对自己击球能力的信心直接影响击球的力度和准确性。

2. 注意力控制理论。注意力控制理论指出，焦虑影响个体的执行功能，尤其是在需要精细技能的高尔夫技术运动中[215]。长杆心理训练中，教练需要帮助运动员优化其注意力分配，特别是在压力较大的比赛中。

3. 目标设定理论。目标设定理论强调了明确和具有挑战性的目标对提高运动表现的作用[165]。在长杆训练中，设定具体的技术和心理目标，有助于提升高尔夫球运动员的动机和表现。

三、具备良好长杆心理的具体表现

具备良好长杆心理的高尔夫球运动员通常有以下具体表现：

1. 高度专注。在发球或长距离击球时，能够有效屏蔽外界干扰，集中注意力于击球技术和策略。

2. 情绪稳定。即便在面临复杂的球场条件或较高的比赛压力时，也能保持冷静，有效管理比赛中的负面情绪。

3. 自信。对自己的长杆技能和比赛策略有高度信心，即使在前一杆表现不佳，也能快速调整心态，继续保持比赛的自信。

4. 迅速恢复。在技术失误后能迅速恢复，保持正常的比赛节奏和表现。

四、长杆心理训练的方法

在高尔夫球运动中，长杆心理训练的方法有以下几种：

1. 运用焦虑管理技巧。

（1）深呼吸训练。帮助运动员学习通过深呼吸来控制比赛中的紧张情绪。

（2）渐进性肌肉放松。通过渐进性放松不同肌肉群，帮助运动员学会放松身体，减少发球时的身体紧张感。

（3）专注力训练。训练将注意力集中在球和目标上，而非比赛结果或外界干扰上。

（4）短期目标设定。将比赛分解为多个小环节，帮助运动员逐步实现短期目标，从而提高比赛中的专注力。

（5）积极进行自我对话。引导运动员用积极、支持性的语言替换自我批评或消极想法。

（6）情景模拟。在训练中模拟比赛压力情境，通过角色扮演等方式提高运动员的应对能力。

2. 目标设定与定期反馈。

（1）目标设定。确保设定的目标具体、可衡量、可达成、相关性强和时限性，以提高训练的有效性。

（2）定期反馈。提供定期的技术和心理反馈，帮助运动员了解自己的进步和需要改进的地方。

3. 运用想象训练法。想象训练法是一种心理训练技术，它利用心理模拟来增强运动员的挥杆表现。在长杆击球过程中，高尔夫球运动员通过想象自己熟悉的挥杆动作，可以有效地提升击球质量。例如，通过想象在击球瞬间将手臂伸长，高尔夫球运动员可以避免在球杆与球接触时手臂的不自然回缩，从而实现更加流畅和连贯的挥杆。

许多高尔夫球运动员存在一种思维定式，即认为长杆的主要任务是尽可能地打远。然而，这种过度追求距离的打法往往会导致球路的不稳定性，增加进入球道两侧陷阱的风险。虽然在比赛中增加击球距离可能有助于提高成绩，但这并不是衡量高尔夫球运动员水平的唯一标准。

在长杆击球中，职业选手通常会控制自己的挥杆力量，使用最大挥杆力量的 80%。这种策略能够获得流畅、连贯且稳定的击球效果，同时能够更好地控制击球方向。击球距离与击球准确性之间存在一种反比关系。因此，在制定长杆击球策略时，高尔夫球运动员应考虑以下因素：

第一，球道的长度和宽度。这将影响高尔夫球运动员选择的击球距离和方向。

第二，整个球道的总距离。高尔夫球运动员需要评估整个球道的总距离，以确定合适的击球策略。

第三，失误风险。高尔夫球运动员应评估不同击球策略的潜在风险，以避免不必要的失误。

第四，攻果岭的擅长距离。高尔夫球运动员应根据自己的技术特点，选择最适合自己的攻果岭距离。

第三十七节　克服困难心态训练

一、概念

克服困难心态训练在高尔夫球运动中指的是运动员通过特定的心理技巧和策略训练，培养在面对困难和挑战时保持坚韧和积极的心态的训练方法。这种训练方法旨在帮助运动员提高应对逆境的能力，使其在训练和比赛中能够有效地应对压力。

在高尔夫球运动这种技术密集和精神要求高的运动中，运动员经常面临环境压力、竞争对手的挑战以及个人表现的波动。因此，培养能够积极应对这些压力的心态是至关重要的。这种训练方法不仅帮助运动员在比赛中表现出色，也帮助他们在生活中面对其他压力和挑战时保持心理健康。

二、理论基础

克服困难心态的理论基础主要是心理韧性理论和应对策略理论。心理韧性理论强调个体面对压力和逆境时，能够保持积极的心态并从挑战中恢复和成长的能力[68]。应对策略理论着重描述个体如何通过认知评估和行为反应来管理和适应外部压力[68]。这些理论一起为高尔夫球运动员在面对竞技和心理挑战时的应对提供了科学依据。

三、具备克服困难心态的具体表现

具备克服困难心态的高尔夫球运动员通常有以下具体表现：

1. 高度的回弹能力。在遭遇失败或挫折后能快速恢复情绪和表现。

2. 积极的问题解决能力。面对困难时能够积极寻找解决方案而非放弃。

3. 稳定的情绪管理。即使在极具压力的比赛情况下，也能保持情绪稳定。

4. 持久的奋斗意志。在长期的竞技生涯中保持不懈追求和自我提升的动力。

5. 强烈的自我效能感。对自己的能力和技术充满信心，相信自己能够应对各种竞技挑战。

四、克服困难心态训练的方法

在高尔夫球运动中，克服困难心态训练的方法有以下几种：

1. 目标设定技巧训练。帮助运动员设置具体、可度量的短期和长期目标，以及在面对逆境时如何调整这些目标。

2. 认知重构训练。通过认知重构训练，帮助运动员识别和改变那些消极的、灾难性的思维模式，将其转化为更为积极和现实的评估。

3. 情绪调节训练。使用呼吸技巧、正念冥想等方法管理比赛中的情绪波动，特别是在面对压力和逆境时。

4. 压力模拟曝光训练。通过模拟高压比赛情境，让运动员在控制环境下训练应对技巧，以增强其在实际比赛中的适应性和应对能力。

5. 逆境讨论和角色扮演。组织团队讨论和角色扮演活动，讨论过去的逆境经历和未来可能的挑战，以及如何有效应对这些情境。

6. 实际案例学习。学习著名高尔夫球运动员的成功案例，讨论他们如何在面对逆境时展现出冠军心态。通过分析这些顶尖运动员的应对策略，学习如何在类似情况下应用这些策略。

7. 举办心理技能研讨会。定期举办心理技能研讨会，让运动员学习和讨论不同的心理技能，包括压力管理、目标设定、认知重构和自我激励技巧。这些研讨会可以由心理学专家或经验丰富的教练主持。

8. 开发个性化反馈系统。开发个性化的反馈系统，使运动员能够在训练和比赛后接收到关于他们心理表现的具体反馈。这种反馈应该基于他们的表现、心态和整体情绪状态，并提供改进的具体建议。

9. 角色扮演和模拟训练。在安全环境中模拟高压比赛情景，让运动员扮演不同角色，包括领先者、落后者或处于关键击球时刻的角色。这种训练可帮助运动员预习在这些压力点上可能出现的情绪反应，并在教练的指导下找到应对策略。

时刻让高尔夫球运动员知道成功和胜利并非唾手可得，需要付出超越常人的刻苦和努力才有机会成功。将时刻要面对挫折和失败，需要全力以赴和克服困难的心态深刻植入高尔夫球运动员心中。每名高尔夫球运动员通过科学的后天培养，都能成为一名克服困难、迎难而上的勇者。

第三十八节　快速专注训练

一、概念

快速专注训练是一种心理训练技术，旨在提高运动员在动态和高压环境中迅速有效地集中注意力的能力。在高尔夫球运动中，快速专注能力对于在短时间内做出准确决策、调整策略并执行复杂技能至关重要。这种训练通过增强感知敏捷性和认知灵活性，帮助运动员优化他们的注意资源分配，从而在必要时能够迅速转移注意力。

二、理论基础

快速专注训练的理论基础主要是注意力控制理论和多任务处理理论。注意力控制理论强调个体在压力情境下维持有效注意力分配的能力，特别是在面对多重任务和干扰时[215]。多任务处理理论也对快速专注训练提供了支持，该理论探讨了如何优化脑力资源以同时处理多项任务的技巧[216]。这些理论为提高运动员注意力切换和维持的训练提供了科学依据。

三、具备快速专注能力的具体表现

具备快速专注能力的高尔夫球运动员在训练和比赛中会有以下具体表现出：

1. 高效决策。在不同击球环境和不确定的比赛情况下迅速做出战术决策。

2. 快速从错误中恢复。能够迅速摆脱前一杆的影响，专注于下一杆的准备。

3. 调整应对策略。在面对突发情况（如突变的天气或场地条件）时，能迅速调整技术和策略。

4. 快速适应。在比赛中快速适应对手的变化和比赛节奏的变化。

四、快速专注训练的方法

快速专注训练的方法多样，旨在提升高尔夫球运动员在各种情境下的注意力集中能力。

1. 模拟训练。通过模拟比赛情景，如突然改变比赛策略或临时调整打法，培养快速适应和反应能力。

2. 认知任务训练。使用电脑程序进行多任务训练，如同时记忆数字和识别图形，提高高尔夫球运动员的认知灵活性和处理多重信息的能力。

3. 专注力切换训练。进行一系列需要快速切换注意力的活动，例如，在执行一个技术动作时突然改变目标或任务要求，以此来提高专注力。

4. 压力训练。在增加心理压力的环境中进行训练，例如，增加观众噪声或限时完成任务，以此模拟比赛中的压力情境。

5. 明确击球目标训练。确定明确击球目标之后，以较好的挥杆节奏击球，争取每一颗球都无限接近所定击球目标。

6. 实时计分。根据提前预设的得分标准，每击一次球，立刻完成打分计分。

优秀的高尔夫球运动员能够将注意力集中在球上，有效地消除在运动中执行每次挥杆和推杆时的所有干扰。这些干扰包括：外部干扰，如越界、水障碍、沙坑、噪声、恶劣条件等；内部干扰，包括固化思维、对成绩的担忧、消极的自我对话、对他人想法的关注等。

第三十九节　冥想训练

一、概念

冥想训练，特别是在竞技体育领域，是一种常用的心理训练方法，旨在通过定期的心理训练帮助运动员提高专注力，减少心理压力，提升整体心理健康水平。在高尔夫球运动中，冥想可以帮助运动员在比赛中保持冷静，优化注意力，为即将到来的比赛做好充分的心理准备。

二、理论基础

冥想的理论基础主要是正念理论。该理论认为，通过培养对当前经历的无评判意识，个体能更好地管理焦虑、压力和分心等负面心理状态。正念冥想通过训练个体关注当下的体验，而非对过去或未来的担忧，帮助运动员达到心理上的平衡和专注。这种训练不仅能够提高运动员的心理适应能力，还能改善其生理反应，如降低心率和血压，这对高尔夫球运动员适应长时间比赛尤为重要。

三、具备良好冥想能力的具体表现

具备良好冥想能力的高尔夫球运动员通常有以下具体表现：

1. 注意力高度集中。在比赛中能持续保持注意力高度集中，不易被外界干扰或内心杂念所影响。

2. 情绪稳定。能有效管理比赛压力和即时的情绪波动，维持比赛期间的情绪稳定。

3. 快速恢复。从失误中快速恢复，不让一时的挫败影响后续表现。

4. 优化表现。在关键时刻通过冥想达到理想状态，表现出色。

四、冥想训练的方法

在高尔夫球运动中，冥想训练的方法有以下几种：

1. 基础正念冥想。开始时，教练可以引导运动员进行简单的呼吸关注训练。比如，观察自己的呼吸，体会气流进出鼻孔的感觉。每天训练 5~10 分钟，逐渐增加时间，以培养能够在比赛中快速进入冥想状态的能力。

2. 行走冥想。在训练场或比赛场上，运动员可以进行行走冥想，专注于步伐和呼吸的同步，以此来提高在移动中的专注力。

3. 观察训练。运动员可以在无任何评判的情况下观察周围环境，例如观察球场的草地、树木或远处的风景，这有助于训练在比赛中忽略干扰。

4. 压力情境下的应用。在模拟比赛压力的环境中冥想，如在心跳加速时尝试冷静自己的心态，训练自己在实际比赛中更好地运用冥想技巧。

哈佛大学的一项研究发现，进行冥想训练的人能够减少 17%的氧耗。已故五届NBA冠军和名人堂成员科比・布莱恩特将冥想作为日常训练的重要部分。每天早上，他都会进行 15 分钟冥想来开始新的一天，以理清思绪、提高专注力，并为充分利用未来的一天做好准备。除了减轻压力和焦虑的明显好处之外，冥想还可以增加负责集中注意力的大脑前额皮质区域的灰质，并减少负责压力和恐惧的杏仁核的反应性。充足的氧气是提高高尔夫球运动员运动表现和心理健康的基础。

第四十节　快速调整挥杆动作

一、概念

快速调整挥杆动作是指高尔夫球运动员通过系统的训练，在不同的训练和比赛情境下，能够迅速调整其挥杆动作的能力。这种训练的重点在于提高运动员对即时情境变化的反应速度和适应能力，以便更有效地应对不同的比赛条件和场地特征。这对于青少年高尔夫球运动员尤为重要，因为他们正处于技能发展和心理成熟的关键阶段，具备快速调整挥杆动作的能力将有助于他们在高水平比赛中取得成功。

二、理论基础

快速调整挥杆动作的理论基础主要是动作学习理论和认知灵活性理论。动作学习理论强调，通过反复训练，使特定动作从认知阶段转变到自动化阶段[83]。这一过程包括三个阶段：认知阶段、关联阶段和自动化阶段。在认知阶段，运动员学习和理解基本动作。在关联阶段，运动员通过重复训练将这些动作进行优化和精细化。在自动化阶段，运动员的动作变得自然且不需要过多的意识控制。认知灵活性理论强调在复杂和多变的环境中应用知识的能力[217]。这种灵活性使运动员能够在面对不同的比赛条件时迅速调整其动作策略和技术，从而提高比赛表现。结合这两个理论，高尔夫球运动员能够通过持续的认知训练，提高其在不同情境下快速调整挥杆动作的能力。

三、具备快速调整挥杆动作能力的具体表现

具备快速调整挥杆动作能力的高尔夫球运动员通常有以下具体表现：

1. 适应性强。能够根据当时的环境条件（如风向、湿度、地形等）迅速调整挥杆力度和角度。例如，在风速变化时，可以立即调整挥杆的力度和方向以确保球的飞行轨迹达到预期。

2. 快速反应。在发现原计划的挥杆策略不适用时，能够立即做出调整。这种快速反应能力使得他们能够在比赛中灵活应对各种突发状况，保持稳定的表现。

3. 技术多样。掌握多种挥杆技术，能够根据不同的球场位置选择最合适的打法。这种多样性的技术储备使他们在比赛中具有更大的战术灵活性。

4. 决策迅速准确。在压力情境下快速做出技术和战术决策，减少犹豫和错误。例如，在面对一个复杂的果岭布局时，他们可以迅速评估情况并选择最优的击球策略。

5. 性能持续优化。即使在比赛中遇到挑战，也能通过调整保持较高水平的表现。这样的高尔夫球运动员通常具有较强的心理韧性和稳定的情绪管理能力。

四、快速调整挥杆动作训练的方法

在高尔夫球运动中，快速调整挥杆动作训练的方法有以下几种：

1. 情境模拟训练。在训练中创造真实比赛中可能遇到的各种挑战情境，如不同的风速、不同的草地情况等，训练在这些变化的条件下调整挥杆动作。这种方法通过模拟实际比赛环境中的复杂性，使运动员能够更好地适应和反应。

2. 即时反馈和分析。使用高科技设备，如动作捕捉技术和模拟软件，提供运动员挥杆动作的即时反馈。通过这些设备，教练和运动员可以精确分析

每次挥杆的动作细节，并进行即时调整和优化。

3. 认知灵活性训练。通过认知任务和游戏加强运动员的思维灵活性和加快决策速度。例如，通过虚拟现实环境中的快速决策游戏，训练在面对多变情境时的反应速度和适应能力。

4. 压力训练。在高压环境下进行训练，使运动员习惯在高压环境下进行快速决策和技术调整。可以采取竞赛模拟、限时训练等方式，旨在增强运动员的心理韧性和应对能力。

5. 技能多样化训练。通过训练不同类型的挥杆动作和击球策略，使运动员具备多样化的技术储备。这不仅包括标准的长杆和短杆训练，还包括特殊情况下的击球技术，如沙坑球、救球等。

6. 视觉化训练。视觉化训练是指运用心理想象和视觉化技巧，帮助运动员在脑海中预演不同的挥杆动作和比赛情境。这种训练方法有助于提高运动员的动作执行水平和决策能力，使其在实际比赛中更加自信和准确。

第四十一节　心理激活训练

一、概念

心理激活训练指的是通过运用一系列有针对性的心理和生理技巧，帮助运动员在训练和比赛中达到最佳心理和生理状态的训练方法。这种训练旨在调节运动员的兴奋水平，使其既不至于过度紧张，也不会缺乏应有的警觉和活力，从而在比赛中发挥出最佳水平[218]。

二、理论基础

心理激活训练的理论基础主要是唤醒理论和倒U形假设。唤醒理论认为，个体的心理和生理状态会影响其表现水平。倒U形假设进一步提出，表现和唤醒水平之间存在倒U形关系，即在中等程度的唤醒水平下，个体的表现最为优异[191]。另外，哈迪（Hardy）的灾难理论指出，当唤醒水平过高时，如果个体不能有效管理其焦虑状态，表现可能会急剧下降[151]。

三、具备心理激活训练能力的具体表现

具备心理激活训练能力的高尔夫球运动员通常会有以下具体表现：

1. 情绪稳定。能够在比赛前和比赛中保持情绪的平稳，不会因外界干扰或竞争压力而过度紧张或焦虑。

2. 集中注意力。能够有效集中注意力在当前的比赛任务上，排除外界和内部的干扰。

3. 快速恢复。在比赛中遇到失误或挫折后，能够迅速调整心态和情绪，继续保持高水平的表现。

4. 自信心强。具有高度的自信心，相信自己的能力和训练成果，能够在高压环境下保持自我效能感。

5. 身体准备充足。通过生理激活技术（如热身和适当的运动）使身体处于最佳的竞技状态，能够最大限度地发挥身体潜能。

四、心理激活训练的方法

在高尔夫球运动中，心理激活训练的方法有以下几种：

1. 呼吸控制训练。呼吸控制训练是一种常用的心理激活技术，通过控制呼吸节奏和深度来调节心理和生理的唤醒水平。深呼吸和缓慢的呼吸有助于降低焦虑和紧张，提高专注力和镇静感[219]。

2. 正念冥想。正念冥想是一种通过专注于当前时刻的感觉、思想和情绪来提高专注力和加强情绪管理的技术。这种训练可以帮助运动员在比赛前调节心理状态，避免过度焦虑或分心。

3. 心理演练和可视化。通过心理演练和可视化技术，运动员可以在脑海中模拟比赛情境和成功的动作执行。这种方法有助于提高自信心，能够预演比赛中的心理反应，从而提高实际比赛中的表现[64]。

4. 音乐激活。选择适当的音乐可以显著影响运动员的心理状态。激励性的音乐可以提高兴奋度和动力，而放松的音乐可以减少焦虑和紧张。运动员可以在比赛前或训练中使用音乐来调节自己的心理状态。

5. 积极进行自我对话。积极进行自我对话可以帮助运动员建立和维持高水平的自信心和动力。通过反复训练积极的自我暗示，运动员可以改变消极的思维模式，提高对比赛和训练的积极期待。

6. 热身和动态拉伸。通过热身和动态拉伸，运动员可以提高身体的温度和肌肉的活动能力，准备好迎接高强度的比赛或训练。这不仅有助于预防受伤，也有助于提高心理唤醒水平。

7. 动态和挥杆激活。进行全身的动态拉伸动作时，可以选用 9 号铁杆进行半挥杆热身运动，然后进行四分之三挥杆热身，最后进行全挥杆。全程将注意力放在通过击球区域时的挥杆速度和击球甜蜜点上。从长杆到短杆依次热身，注意避免在热身时训练挥杆技术。

8. 心理技能训练课程。系统的心理技能训练课程可以帮助运动员全面提升其心理激活能力。这些课程通常包括应对策略、压力管理技巧和情绪调节方法，旨在帮助运动员在各种情况下保持最佳表现。

第四十二节 避免过度补偿

一、概念

在高尔夫球运动中，避免过度补偿指的是运动员在调整挥杆或其他技术动作时，不因过度纠正一个错误而导致产生新的错误。过度补偿通常是指运动员在试图纠正挥杆中的某个特定问题时用力过猛或改变过多，从而引发新的不准确或失误的行为。高尔夫球运动的精细性和连续性要求运动员在进行技术调整时保持微调，而非大幅度改变，以确保动作的连贯性和稳定性。

二、理论基础

避免过度补偿的理论基础主要包括动作控制理论和运动学习理论。动作控制理论提出，运动技能的执行是通过感觉反馈和前馈机制相互作用实现的[125]。通过细致的感觉反馈，运动员可以在进行动作调整时避免过度反应。运动学习理论强调通过反复训练和渐进调整获得稳定的技术表现[96]。这些理论为理解如何在高尔夫球训练中进行有效的动作调整提供了科学依据。

三、具备避免过度补偿能力的具体表现

具备避免过度补偿能力的高尔夫球运动员通常会有以下具体表现：

1. 动作稳定。在进行技术调整时，能够保持动作的一致性和流畅性，不因过度补偿而导致新的失误。

2. 能够进行细微调整。在挥杆过程中能够进行细微的调整，而不是大幅度改变动作。

3. 敏锐感知和利用反馈。能够敏锐地感知身体和球杆的反馈，并基于这些反馈进行适当的调整。

4. 自我监控能力强。具备强大的自我监控能力，能够在训练和比赛中实时评估和调整自己的动作。

5. 心态稳定。在面对技术挑战时能够保持心态稳定，不因一时的失误而进行过度的调整。

四、避免过度补偿的训练方法

在高尔夫球运动中，避免过度补偿的训练方法有以下几种：

1. 分段训练法。通过将挥杆动作分解成多个阶段进行训练，运动员可以更精准地控制和调整每一个动作环节，避免大幅度的调整。这种方法有助于提高动作的精确性和稳定性。

2. 逐步调整。运动员在进行技术调整时，应遵循逐步调整原则，每次调整幅度要小而细致。教练也可通过逐步增加调整的难度，帮助运动员建立微调的习惯。

3. 视觉反馈训练。使用高尔夫球挥杆分析仪和视频反馈系统，让运动员看到自己的挥杆或推杆动作，从而更好地理解和调整动作。这种方法有助于运动员通过视觉反馈进行自我纠正，避免过度补偿。

4. 模拟比赛训练。在模拟比赛环境中训练，让运动员在接近真实比赛压力下进行动作调整，有助于运动员在高压情境中保持冷静和精准，避免因压力过大而导致的过度补偿。

5. 心理技能训练。通过心理技能训练，如正念冥想和积极进行自我对话，帮助运动员在技术调整时保持专注和冷静。正念冥想可以增强运动员对当前动作的觉察力，而积极的自我对话可以增强自信，减少过度调整的可能性。

6. 反馈控制训练。在完成特定挥杆动作后，教练和运动员一起适当分析动作中的优缺点，从而及时进行调整。这种方法可以帮助运动员在不断的反馈中逐步优化动作，避免大幅度的调整。

7. 身体感觉训练。通过训练闭眼挥杆或在不同地面条件下进行挥杆训练，运动员可以提高对身体感觉的敏锐度。这有助于运动员在调整动作时更加依赖身体感觉，从而进行精细的动作调整。

应避免在比赛中重复错误的心理策略。在高尔夫球比赛中，运动员经常面临如何避免重复打出不理想的球或犯同样错误的挑战。例如，一些高尔夫球运动员在推一个 10 码（约合 9.144 米）的球时可能会偏离目标 3 码（约合

2.743 2 米），而在下一洞面对相同距离的推杆时，可能会再次出现类似的偏差。为了解决这一问题，高尔夫球运动员在下一次击球时需要采取以下策略：

第一，快速遗忘。迅速将上一杆不理想的击球从记忆中排除，避免负面情绪的累积影响后续表现。

第二，失败原因分析。对上一杆击球的失败原因进行深入分析，识别技术或心理上的不足。

第三，正确挥杆动作的执行。基于失败原因的分析，采用正确的挥杆动作来完成下一次击球。这一过程有助于将正确的技术动作巩固在记忆中。

第四，记忆巩固与信心提升。通过重复正确的挥杆动作，高尔夫球运动员可以在遇到相似情况时，增强击球信心，从而提高表现的稳定性和一致性。

这种策略的好处在于，它不仅关注技术层面的修正，也强调心理层面的调整。通过快速遗忘不理想的击球，高尔夫球运动员可以避免负面情绪对比赛表现的干扰。同时，通过分析失败原因并执行正确的挥杆动作，高尔夫球运动员可以在技术层面进行针对性的改进。这种结合心理调整与技术修正的方法，有助于高尔夫球运动员在比赛中获得更加稳定和高效的击球表现。

第四十三节　挥杆动作程序化

一、概念

挥杆动作程序化是指高尔夫球运动员通过反复训练，使挥杆动作从有意识的控制逐步转变为自动化的过程。这种程序化的训练能够帮助运动员在比赛中无须刻意思考每一个动作细节，就能自然地执行高质量的挥杆，从而提高稳定性和一致性。

二、理论基础

挥杆动作程序化的理论基础主要是自动作学习理论[96]。动作学习包括三个阶段：认知阶段、关联阶段和自动化阶段。在认知阶段，运动员需要有意识地学习和理解每一个动作的细节。在关联阶段，通过训练，运动员逐渐减少对动作的有意识控制，使动作变得更加流畅。在自动化阶段，动作变得自然和无意识，运动员可以将注意力集中在更高层次的策略上。

三、具备挥杆动作程序化能力的具体表现

具备挥杆动作程序化良好能力的高尔夫球运动员通常有以下具体表现：

1. 动作一致性高。每次挥杆的动作都非常一致，无论是在训练还是比赛中，这种一致性有助于保持稳定的表现。

2. 动作流畅自然。挥杆动作显得非常自然和流畅，不需要过多的有意识控制，能够在各种情况下保持高质量的击球。

3. 反应迅速。在面对不同的比赛情境时，能够快速调整动作而不影响整体的流畅性和准确性。

4. 注意力集中。由于挥杆动作已经程序化，运动员可以将更多的注意力集中在战术决策和环境适应上，而不是动作本身。

5. 减少技术失误。程序化的动作能够显著减少技术失误，提高比赛中的表现一致性。

四、进行挥杆动作程序化训练的具体方法

在高尔夫球运动中，进行挥杆动作程序化训练的具体方法如下：

1. 分段训练。将挥杆动作分解成多个关键步骤，分别进行训练和优化。这种方法能够帮助运动员逐步掌握每一个动作细节，最终将各个部分整合成

一个流畅的动作程序。

可根据个人喜好选择 2~3 个局部技术动作作为正式挥杆前的感觉激活。通常，不必快速全挥杆，以部分挥杆动作作为正式挥杆前的动作来程序化，这可以让高尔夫球运动员有较好的身体和球杆的运动感觉。用既定的方法挥杆几次后，可以暗示自己动作程序化已经激活，可以顺利进行全挥杆动作。在完成程序化挥杆动作之后，开始从容淡定击球，在击球过程中不需思考如何挥杆，只需将注意力放在自然流畅的挥杆状态上即可。

2. 反复训练和反馈。高尔夫球运动员需要通过大量的重复训练来巩固动作程序。使用视频分析和即时反馈工具，可以帮助运动员识别和纠正动作中的细微错误，逐步提高动作的一致性和流畅性。

3. 模拟比赛情境。在训练中模拟真实比赛的情境，包括不同的球场条件和压力环境，可以帮助运动员将程序化的动作应用到实际比赛中。通过这种方法，运动员能够在各种复杂条件下保持动作的一致性和准确性。

4. 心理视觉化训练。心理视觉化训练是一种通过在脑海中反复想象和演练动作的技术，帮助运动员强化动作程序的训练。研究表明，结合实际训练和心理视觉化训练，能够显著提高动作的自动化程度和表现的稳定性。

5. 间隔训练。在训练中使用间隔训练法，既在不同的训练任务之间穿插休息或其他活动，帮助运动员巩固动作程序，提高动作的自动化程度和适应性。

第四十四节　轻握球杆训练

一、概念

轻握球杆训练是指高尔夫球运动员通过控制握杆力度改善挥杆效果的一种技术训练方法。其核心理念是通过放松手部肌肉，保持适度的握杆压力，以提升挥杆的流畅性和击球的精准度。这种训练方法旨在帮助运动员减少肌肉紧张，增加动作的协调性，从而提高整体的比赛表现。

二、理论基础

轻握球杆训练的理论基础主要是运动控制理论。该理论强调运动系统如何通过感知和运动反馈进行协调，以实现最优的动作表现[125]。在高尔夫球运动中，握杆力度过大或过小都会影响击球的稳定性和精准度，因此，通过轻握球杆训练，运动员可以在保持控制力的同时，减少不必要的肌肉紧张，优化挥杆动作。

三、具备轻握球杆能力的具体表现

具备轻握球杆能力的高尔夫球运动员通常会有以下具体表现：

1. 挥杆流畅。动作协调且自然，挥杆过程没有明显的停滞或紧张感。

2. 击球精准。能够稳定控制球飞行的方向和距离，减少握杆力度不当造成的误差。

3. 动作一致。在不同击球情况下，能够保持稳定的握杆力度，从而实现动作的一致性和可靠性。

4. 手部放松。在挥杆过程中，手部和前臂肌肉能够保持放松，以减少疲劳和紧张感。

5. 反馈敏感。能够敏锐地感知球杆和球接触时的细微变化，并及时调整握杆力度以优化击球效果。

四、进行轻握球杆训练的方法

在高尔夫球运动中，进行轻握球杆训练的方法如下：

1. 握杆力度调节训练。让运动员在训练中尝试不同的握杆力度，从非常轻的握杆到稍微加大力度，感受不同力度对挥杆和击球效果的影响。通过这种训练，运动员可以找到适合自己的最优握杆力度。

2. 视觉和触觉反馈训练。使用视频反馈和触觉辅助工具（如握杆传感器）帮助运动员了解自己的握杆力度。通过观察视频回放和感受传感器反馈，运动员可以更好地控制和调整自己的握杆力度。

3. 放松训练。结合放松技术，如深呼吸、渐进性肌肉放松训练等，帮助运动员在挥杆过程中保持手部和前臂肌肉的放松状态。这种训练有助于减少肌肉紧张，提高挥杆的流畅性。

4. 模拟比赛情境训练。在训练中模拟比赛情境，让运动员在高压环境下训练轻握球杆技术。这种训练可以帮助运动员在实际比赛中保持放松和稳定的握杆力度，提升比赛表现。

5. 反馈循环训练。通过反复的挥杆训练和即时反馈，帮助运动员不断调整和优化握杆力度。教练可以在每次挥杆后提供具体的反馈，并指导运动员进行调整和改进。

用手轻握球杆并在整个击球过程中保持同样大小的压力，有利于动作的流畅性。萨姆·史立德曾说："握杆应像手中握着一只鸟，不能让它飞走，也不能让它痛苦。"手握杆力量过大，容易造成在挥杆或推杆过程中手部额外加力，导致杆面变向。

第四十五节　迅速消除紧张感

一、概念

迅速消除紧张感是指高尔夫球运动员在比赛或训练中能够迅速识别和有效管理紧张情绪，从而恢复冷静和专注的心理状态。这种能力对于高尔夫球运动员尤其重要，因为任何心理上的波动都可能影响高尔夫球运动员的竞赛表现。

二、理论基础

迅速消除紧张感的理论基础主要包括压力应对理论和情绪调节理论。压力应对理论强调个体面对压力源时所采用的应对策略[220]，分为问题导向型和情绪导向型应对策略。问题导向型应对策略旨在直接解决问题，情绪导向型应对策略则试图调节由压力引发的情绪反应。情绪调节理论详细描述了情绪调节的过程，分为情绪产生前的调节和情绪产生后的调节[10]。前者包括情景选择、情景改变、注意力部署和认知改变，后者则涉及响应调制。通过应用这些理论，高尔夫球运动员可以学会在紧张情绪出现之前或出现后迅速调节自己的心理状态。

三、具备迅速消除紧张感能力的具体表现

具备迅速消除紧张感能力的高尔夫球运动员通常会有以下具体表现：

1. 情绪稳定。在比赛和训练中，能够快速从紧张或焦虑中恢复，保持情绪的稳定和平衡。

2. 高自我效能感。自信心强，坚信自己能够应对比赛中的各种压力情境。

3. 专注力强。能够迅速将注意力重新集中在当前任务上，不受外界干扰。

4. 积极的自我对话。在紧张时，能够通过积极的自我对话减轻压力，增强自信。

5. 身体放松。在紧张情境下，能够通过呼吸调节等方法迅速放松身体，恢复最佳身体状态。

四、迅速消除紧张感的训练方法

在高尔夫球运动中，迅速消除紧张感的训练方法如下：

1. 深呼吸训练。当出现紧张情绪时，最简单有效的缓解方式是深呼吸。

深呼吸训练可以帮助高尔夫球运动员迅速放松身体，减少紧张感。具体方法为腹式呼吸，即通过深长的吸气和缓慢的呼气来调节身体的自主神经系统，从而达到放松目的。

2. 放松击球流程训练。在准备击球过程中应避免静止不动，可通过小范围、小幅度活动或走动来改善紧张状态。在准备击球时，先进行深呼吸后，再进行挥杆，能够极大降低紧张对挥杆带来的影响。建议吸气的长度与呼气的长度相同，应缓慢、平稳和持续地吸气和呼气，中间应有轻微的停顿。如果处于特别紧张的状态，可以通过逐渐增加呼吸的深度来调节。在完成准备动作之后，将正式挥杆击球时间控制在5秒钟以内。时间越长，产生的想法会越多，身体会越紧张。

3. 渐进性肌肉放松训练。渐进性肌肉放松训练是一种通过逐步紧张和放松身体各部分肌肉来减轻紧张的方法。这种方法有助于高尔夫球运动员识别和解除身体上的紧张感，从而促进心理的放松。

4. 正念冥想。正念冥想可以帮助高尔夫球运动员集中注意力于当前，减少对过去失误或未来不确定性的担忧，从而消除紧张感。通过正念冥想，高尔夫球运动员可以学会观察和接受自己的情绪，而不被情绪所左右。

5. 认知重构。认知重构是一种帮助高尔夫球运动员识别和改变负面思维模式的技术。通过这种方法，高尔夫球运动员可以学会将消极的、引发紧张的思维转变为更积极、建设性的思维，从而减少紧张感。

6. 模拟压力情境训练。通过在训练中模拟比赛中的高压情境，运动员可以逐步适应在高压情境下保持冷静和专注。这种训练方法可以帮助高尔夫球运动员在实际比赛中更好地应对紧张情境。

7. 自我对话训练。自我对话训练是指通过重复积极的、自信的话语来减轻紧张感的训练。通过这种训练，高尔夫球运动员可以学会在紧张时进行正面的自我对话，增强自信心和控制感。

8. 情绪宣泄。适当的情绪宣泄，如通过写日记、艺术创作或与他人交流来表达情绪，可以帮助高尔夫球运动员释放紧张情绪，从而恢复心理平衡。

人在高度紧张状态下，血液会从手足流向胸部、臀部、腿部等大肌肉群中，而手足部会因血液减少而僵硬，这会影响动作流畅性和挥杆速度。紧张还会导致人体肾上腺素分泌增加，而肾上腺素分泌过多引起的生理反应是：心跳加速、血压升高、血流加速。这也是我们常看到巨大压力之下的高尔夫球运动员会“脸红”的原因。

第四十六节　保持挥杆一致性

一、概念

保持挥杆一致性指的是高尔夫球运动员在训练和比赛中，能够在不同的环境和压力条件下，始终如一地执行既定的挥杆动作和策略。这种一致性不仅要求技术上的稳定性，还需要心理上的坚韧和决策上的果断。对于高尔夫球运动员而言，保持挥杆一致性是实现高水平表现的关键，因为它直接影响他们在比赛中的表现和长期发展。

二、理论基础

保持挥杆一致性的理论基础主要是运动学习理论和心理稳定性理论。运动学习理论强调通过重复训练和反馈，使运动技能从认知阶段向自动化阶段的转变[96]。在这一过程中，正确的技术和稳定的执行模式通过不断强化而得以巩固。心理稳定性理论则强调个体在面对压力和不确定性时，如何通过心理调节和应对策略，保持心理状态的稳定[221]。此外，心理韧性理论也为理解保持挥杆一致性提供了框架。心理韧性是指个体在面对挑战和压力时，能够保持积极和有效的应对状态[221]。对于高尔夫球运动员而言，心理韧性体现在他们能够在各种比赛条件下保持冷静和专注，从而稳定地执行挥杆动作。

三、具备保持挥杆一致性能力的具体表现

具备保持挥杆一致性能力的高尔夫球运动员通常会有以下具体表现：

1. 技术稳定。无论在训练还是在比赛中，他们的挥杆技术都能保持稳定，动作一致，误差较小。

2. 心理稳定。在面对压力、挫折或不利条件时，他们能够保持冷静和专注，不受外界干扰。

3. 决策果断。在选择挥杆策略时，他们能够迅速做出决策，并坚定执行，不轻易改变策略。

4. 适应能力强。即使在不同的球场和环境条件下，他们也能通过细微调整保持挥杆的一致性。

5. 自我调节能力强。他们能够在比赛中通过自我对话和心理调节技术，维持情绪和注意力的稳定。

四、保持挥杆一致性的训练方法

在高尔夫球运动中，保持挥杆一致性的训练方法如下：

1. 重复训练与反馈。通过大量重复训练，巩固挥杆动作的技术细节。同时，利用视频分析和动作捕捉技术，提供即时反馈，帮助高尔夫球运动员识别和纠正技术上的不一致。

2. 模拟比赛环境训练。在训练中模拟比赛的各种压力和环境条件，如不同的天气、观众的干扰等，帮助高尔夫球运动员适应和应对实际比赛中的各种变化。

3. 心理技能训练。包括正念冥想、放松技巧和积极自我对话，帮助高尔夫球运动员在压力情况下保持心理稳定和注意力集中。

4. 目标设定与评估。制定具体、可衡量和有挑战性的训练目标，并定期评估和调整。这不仅有助于提高高尔夫球运动员的技术水平，也能提高他们

的自信心和决策能力。

5. 情境决策训练。通过设置不同的比赛情境，帮助高尔夫球运动员在不同的情况下选择合适的挥杆策略，并坚定执行。可以使用虚拟现实技术或情境模拟训练来增强这一训练效果。

6. 建立反馈环系统。建立一个反馈环系统，包括教练、高尔夫球运动员和技术设备，通过不断地反馈和调整，确保挥杆动作的一致性。教练的指导和技术设备的反馈相结合，可以帮助高尔夫球运动员更好地理解和调整自己的动作 。

7. 保持球杆选择的一致性。在高尔夫球比赛中，一些高尔夫球运动员在进行试挥杆时选择了一种球杆，但在实际击球时却更换了另一支球杆，这种做法往往会导致较大的失误。这种现象背后的原因在于，高尔夫球运动员的身体需要至少10秒钟以上的时间来通过挥杆训练获得并适应特定的运动感觉。

8. 预留足够的挥杆调整时间。当高尔夫球运动员需要临时更换球杆或改变挥杆幅度时，应该为身体预留出足够的调整时间。这是因为，身体的运动感知和肌肉记忆需要一定时间来适应新的球杆或挥杆幅度的变化。

为避免因球杆更换而导致的失误，高尔夫球运动员在重新选择球杆后，应该采取以下步骤：

（1）心理想象。在脑海中想象使用新球杆挥杆的感觉，这有助于身体更快地适应新的挥杆动作。

（2）身体试挥。完成一定次数的身体试挥，以确保肌肉记忆与心理想象相匹配，从而提高挥杆的一致性。

（3）实际击球。在进行充分的试挥之后再进行真正的挥杆击球。这一过程有助于减少因球杆更换而带来的不确定性和失误。

第四十七节 “不凑合原则”训练

一、概念

“不凑合原则”训练指的是运动员在任何情况下都不降低对自己技术动作、策略选择和心理状态的标准和要求的训练方法。它强调精益求精，追求完美，不允许任何妥协的态度。这一原则不仅体现在比赛中的每一个挥杆动作上，更贯穿于训练的每一个细节中。

二、理论基础

“不凑合原则”训练的理论基础主要是成就目标理论。该理论主要分为两类目标取向：任务取向和自我取向。成就目标理论强调，运动员的自我取向（如掌握目标和表现目标）会影响他们在追求卓越时的坚持和努力程度。在技战术训练中，鼓励高尔夫球运动员采用任务取向目标，可以促进他们长期发展。任务取向的高尔夫球运动员注重个人进步和技术掌握，这有助于他们在训练中专注于细节和不断改进。教练可以通过设定具体、可实现的目标，帮助高尔夫球运动员关注自我提升。例如，教练可以要求高尔夫球运动员在训练中记录每次击球的距离和准确性，并逐步提高这些指标。

在高尔夫球运动员的技战术训练中，最佳的方法是结合任务取向和自我取向。教练可以通过多样化的训练方法，既关注运动员个人技术的提升，又激发运动员的竞争精神。例如，可以设置阶段性目标，既包括技术指标的提升（如推杆成功率），又包括比赛成绩的提升。同时，通过积极的反馈和鼓励，增强高尔夫球运动员的自我效能感和自信心。

三、具备不凑合能力的具体表现

具备不凑合能力的高尔夫球运动员通常会有以下具体表现：

1. 高标准自我要求。他们对每一次挥杆、每一个推杆的技术动作都有着严格的要求，绝不允许自己在动作上有任何疏忽。

2. 持续改进。这些高尔夫球运动员不断反思和改进自己的技术和策略，即使已经表现出色，也会寻找进一步提升的方法。

3. 专注和投入。在训练和比赛中，他们能够保持高度的专注，不被外界干扰所影响，始终如一地追求完美。

4. 坚定的意志力。在面对挑战和困难时，他们表现出强大的心理韧性，不会因为暂时的挫折而降低标准或轻易妥协。

5. 高水平的赛前准备。他们重视每一次赛前准备，从技术训练到心理调适，都会精心规划，确保在比赛中达到最佳状态。

四、进行“不凑合原则”训练的方法

在高尔夫球运动中，进行“不凑合原则”训练的方法如下：

1. 细节训练。细节决定成败。高尔夫球运动员应注重每一个技术细节，如挥杆的角度、力量的控制、步伐的稳定性等。教练可以通过视频分析技术，对运动员的每一个细节进行反复讲解和纠正。

2. 精确目标设定。设定具体、可测量、具有挑战性的目标，并在每次训练后进行评估和反馈。通过逐步实现这些目标，运动员可以不断提升自己的技能水平。

3. 模拟比赛情境训练。在训练中模拟比赛的压力和情境，使运动员习惯在高压环境中保持高标准的表现。通过模拟真实的比赛场景，运动员可以更好地适应比赛压力和节奏。

4. 心理韧性训练。通过心理训练增强运动员的韧性，使其在面对挫折和挑战时能够坚持高标准。训练方法包括认知重建、情绪管理、压力调适等方法。

5. 持续反馈和改进。在每一次训练后教练应及时提供反馈，指出运动员的不足和改进方向。同时，鼓励运动员自我反思，寻找提升自己的方法。

很多高尔夫球运动员会遇到这样一种情况，当准备击球时，发现了一些问题，比如球Tee没插好、球位稍远、没确定好击球目标等，心中充满犹豫和顾虑，但依然坚持继续挥杆或推杆击球。通常，在这种情况下是很难获得理想的击球效果的。正确做法是：立刻停下来进行调整，并在做一个深呼吸之后开始击球。这样做能够集中注意力，提高挥杆信心。

第四十八节　建立自信训练

一、概念

建立自信训练是一种旨在增强运动员自信心的心理训练方法。在高尔夫球运动中，自信心不仅影响技术表现，还直接关系到运动员在高压比赛情境下的心理状态和应对能力。通过系统的心理训练方法，运动员可以建立自信，进而提升训练和比赛中的整体表现。

二、理论基础

建立自信训练的理论基础主要包括自我效能理论和成就目标理论。自我效能理论认为，自我效能感是指个体对自己能够成功完成某项任务的信念[150]。这一信念会影响个体的动机、情绪反应和行动。高尔夫球运动员在比赛中的自信心可以通过成功经验、替代性经验（观察他人成功）、言语劝说和情绪状态等途径得到增强。成就目标理论则区分了掌握目标和表现目标。掌握目标强调个人能力的提高和任务的掌握，而表现目标则关注与他人的比较和结果。研究表明，掌握目标导向的运动员更容易在面对挑战时保持高水平的自信心和动机，因为他们专注于个人成长和技术进步，而不是仅仅关注比赛结果[130]。

三、具备建立自信训练能力的具体表现

具备建立自信训练能力的高尔夫球运动员通常会有以下具体表现：

1. 稳定的表现。在训练和比赛中保持一致的技术水平，不因外部压力或失败而轻易动摇。

2. 使用积极的自我对话。在比赛过程中使用积极、鼓励性的自我对话，增强自我效能感。

3. 有高水平的动机。对训练和比赛保持高度的热情和投入，主动寻求提高的机会。

4. 进行有效的压力管理。能够在高压情境下保持冷静和专注，不被负面情绪干扰。

5. 适应性强。能够迅速从失败中恢复，并通过反思和调整不断提高自己的表现。

四、建立自信训练的方法

在高尔夫球运动中，建立自信训练的方法如下：

1. 目标设定。制定明确的短期和长期目标，有助于运动员在实现目标的过程中积累成功经验，增强自信心。这些目标应当是具体、可衡量、可实现的，并与运动员的能力和发展阶段相匹配。

2. 正向自我对话。教练应指导运动员学会使用正向自我对话，以其替代负面和消极的思维模式。正向自我对话可以帮助运动员在面临挑战时保持积极的心态和信念。

3. 可视化训练。通过视觉化技术，运动员可以在心理上预演成功的情景，包括击球的每一个细节和成功后的感觉。这种方法有助于增强自我效能感，并在实际比赛中更容易实现预期表现。

4. 成功经验的积累。鼓励运动员参与小比赛或模拟比赛，通过逐步积累成功经验来增强自信。每一次成功的体验都可以巩固运动员的自信心，使其在面临更大挑战时更加从容。

5. 替代性经验。通过观察和模仿技术优秀的同伴或榜样，运动员可以获得替代性经验，增强对自身能力的信心。教练可以安排运动员观摩高水平比赛或邀请优秀高尔夫球运动员进行示范。

6. 情绪调节训练。教授运动员一些基本的情绪调节技术，如深呼吸、渐进性肌肉放松和正念冥想，帮助他们在比赛中保持平静和专注。有效的情绪管理可以减少焦虑，提高自信心[10]。

7. 教练和队友的支持。教练和队友的正面反馈和鼓励对建立自信心非常重要。建立一个支持性强的团队氛围，可以让运动员感受到更多的认可和激励，从而增强自信[222]。

通常影响高尔夫球运动员自信心的主要因素有以下几点：想法太多，对目标的精准度要求较高。改善方法是：根据自身特点，选择适宜的技术动作，并通过长期训练找到让自己充满信心的技术动作。在比赛中，应注重动作的流畅性而非动作细节，应提高上果岭率而非过度纠结落点的精准度。

第四十九节　积极自我对话训练

一、概念

积极自我对话训练是指个体在面对挑战或压力时，通过积极、鼓励性的话语来调节情绪、增强自信心和提升表现的心理技巧训练方法。在高尔夫球运动中，积极自我对话能够帮助高尔夫球运动员保持专注、应对挫折、维持心理稳定性和激发潜在的最佳表现。

二、理论基础

积极自我对话训练的理论基础主要是认知行为理论。该理论认为，个体的思维模式影响其情感和行为，通过改变消极思维可以改善情绪和表现[190]。认知行为理论是一种基于认知和行为相互作用的心理治疗方法，旨在通过改变个体的思维模式和行为来改善情绪和行为。该理论在高尔夫球运动员训练中的应用主要集中在以下几个方面：改善自我对话、目标设定与动机提升、技术与心理结合、情绪调节、应对比赛压力等。

三、具备积极自我对话能力的具体表现

具备积极自我对话能力的高尔夫球运动员通常有以下具体表现：

1. 自信心强。无论面对多大的压力或多么复杂的比赛情境，能够保持对自身能力的信任。

2. 情绪稳定。在比赛中即使遭遇失误或挫折，依然能够迅速调整情绪，保持冷静和专注。

3. 积极乐观。面对挑战时能够保持乐观的态度，相信通过努力可以克服困难。

4. 专注力高。能够通过积极自我对话将注意力集中在当前任务，避免外界干扰。

5. 坚持不懈。面对困难时，通过积极自我对话鼓励自己，坚持不懈地追求目标。

四、进行积极自我对话训练的方法

在高尔夫球运动中，进行积极自我对话训练的方法如下：

1. 识别和记录消极自我对话。学会识别自己在训练和比赛中出现的消极自我对话。记录消极自我对话的内容、频率和触发情境，可以帮助运动员了解这些思维模式的来源和影响[42]。

2. 替换消极对话为积极对话。在识别消极自我对话后，教练和心理咨询师可以帮助运动员将这些消极对话替换为积极的、鼓励性的话语。例如，将“我不能完成这个击球”替换为“我已经训练了很多次，我可以做到”。

3. 设定具体的积极自我对话目标。运动员可以设定具体的目标来应用积极自我对话，如在每次击球前进行一次积极的自我对话。通过设定具体、可衡量的目标，运动员可以更加自觉地训练和应用这种技巧。

4. 日常训练和反思。积极自我对话需要通过日常训练来巩固。运动员可以在训练和比赛中反复训练，并在每次训练后进行反思，评估积极自我对话的效果并进行调整。

5. 情景模拟训练。在训练中模拟比赛情境，通过在高压和挑战性的情境下训练积极自我对话，帮助运动员在实际比赛中更好地应用这种技巧。

6. 心理辅导和支持。教练和心理咨询师可通过定期的心理辅导和支持，帮助运动员克服消极自我对话，建立和维持积极的思维模式[28]。例如，积极的心理暗示和自我对话能够提高高尔夫球运动员在逆境中的抗压能力。当面临重大失误时，引导高尔夫球运动员对自己说出积极的语音，比如，“我相信我能打好下一杆”，“我有能力打好下一杆”，等等。

第五十节　取长避短思维训练

一、概念

取长避短思维训练是一种旨在通过加强运动员的优势领域并改善其劣势领域，从而提高整体表现的训练方法。在高尔夫球运动中，这种方法强调运动员对自身优缺点的深刻理解，通过系统的训练，最大化优势并有效弥补不足。取长避短思维训练不仅关注技术层面，还包括心理和战术层面的训练，旨在全面提升运动员的综合能力。

二、理论基础

取长避短思维训练的理论基础主要是优势视角理论。该理论强调，关注和培养个体的优势可以带来更高的自我效能和积极成果[223]。在高尔夫球运动中，通过识别和加强运动员的技术优势和心理优势，可以提高他们的自信心和表现一致性。

三、具备取长避短思维的具体表现

具备取长避短思维的高尔夫球运动员通常会有以下具体表现：

1. 技术能力显著提升。经常参与取长避短思维训练的高尔夫球运动员在其优势技术领域表现尤为突出，例如，推杆或长铁杆的击球精度显著提高，同时，他们的劣势领域也得到了有效改善，例如，沙坑救球成功率提升，从而形成全面的技术能力。

2. 心理素质增强。这些高尔夫球运动员在比赛中表现出更高的自信心和抗压能力。他们能够在压力情境下保持冷静，充分利用自己的优势技术，同时有效应对自身的劣势，避免失误和心理崩溃。

3. 战术意识提高。通过系统的取长避短思维训练，这些高尔夫球运动员在比赛中的战术意识显著增强。他们能够根据自身的技术优势和劣势，制定出有效的比赛策略，灵活应对不同的比赛情境。

4. 持续进行自我改进。经常参与取长避短思维训练的运动员具有强烈的自我改进意识。他们能够不断反思和评估自己的表现，识别需要改进的领域，并通过系统的训练方法不断提升自己的综合能力。

四、进行取长避短思维训练的方法

在高尔夫球运动中，进行取长避短思维训练的方法如下：

1. 优势技术强化训练。通过制订并执行针对性的训练计划，强化高尔夫球运动员的核心优势技术。例如，若高尔夫球运动员在长打方面表现突出，可以通过增加长打训练次数和难度，进一步提升其精准度和稳定性。

2. 劣势技术改进训练。识别高尔夫球运动员的劣势部分，制订专门的改进计划。例如，若高尔夫球运动员在推杆方面较弱，可以通过特定的推杆训练、模拟比赛情境和反馈分析，逐步改进其推杆技术。

3. 心理技能训练。通过正念训练、放松技巧和积极自我对话，增强高尔夫球运动员的心理稳定性和自信心。自我效能理论表明，增强自我信心可以有效提高高尔夫球运动员在劣势部分的表现。

4. 视频分析和反馈。使用视频分析工具记录和分析高尔夫球运动员的比赛和训练表现。通过详细的技术分析，高尔夫球运动员可以直观地了解自身的优劣势，从而有针对性地进行改进。

5. 模拟比赛训练。在训练中模拟各种比赛情境，使高尔夫球运动员在真实比赛中能够更好地应对压力和变化。通过在训练中强化优势和改进劣势，高尔夫球运动员在比赛中的表现会更加稳定和出色。

6. 跨学科支持。结合物理治疗、营养学和心理学等领域的专业知识，全面提升高尔夫球运动员的身体和心理状态。跨学科支持可以帮助高尔夫球运动员更好地发挥其优势，并有效改善其劣势部分。

取长避短是比赛中的球场策略。明确自己的擅长领域，扩大并发挥到极致。尽量避免使用劣势杆。

取长补短是训练场中的策略。通过训练强化并稳定自己的擅长领域或擅长得分杆。发现自身技术短板，并通过针对性训练提高短板技术，以便于增加技术的综合实力。

第三篇

高尔夫球心理训练实施与评估

第六章 高尔夫球心理训练设计与实施

第一节 制订个性化心理训练计划

制订个性化心理训练计划是确保高尔夫球运动员心理素质提升的关键步骤。心理训练计划需要综合考虑每名高尔夫球运动员的个性特点、心理需求、竞技目标以及现阶段的心理状态。以下是制订个性化心理训练计划的主要步骤和原则。

一、心理评估与需求分析

在制订训练计划之前，首先需要对高尔夫球运动员进行全面的心理评估。这包括使用标准化的心理测量工具，如竞技状态焦虑量表（Competitive State Anxiety Inventory-2，CSAI-2）、运动员心理特质问卷（Athletic Coping Skills Inventory，ACSI）以及其他相关的心理测量工具。通过这些评估工具，可以了解高尔夫球运动员在焦虑、压力管理、自信心、动机、注意力等方面的现状。通过系统的评估，了解高尔夫球运动员的心理优势和劣势，为个性化训练计划的制定提供科学依据。

心理评估的具体步骤如下：

第一，初步访谈。与高尔夫球运动员进行初步访谈，了解其心理状态、训练背景、个人目标和现阶段遇到的问题。

第二，测量工具选择。根据访谈结果选择合适的心理测量工具，如用

CSAI-2评估比赛前焦虑状态，用ACSI评估心理应对技能，等等。

第三，数据分析。对评估结果进行详细分析，确定高尔夫球运动员的心理优势和需要改进的方面。例如，某高尔夫球运动员可能在比赛前焦虑水平较高，但自信心较低，这就需要在训练计划中重点关注焦虑管理和自信心提升。

二、制定具体的心理训练目标

根据评估结果和高尔夫球运动员的竞技目标，制定具体的心理训练目标。这些目标应遵循SMART原则，即具体的（Specific）、可测量的（Measurable）、可实现的（Achievable）、相关的（Relevant）、有时限的（Time-bound）。具体目标的制定应结合高尔夫球运动员的个人特点和训练周期。

具体目标可分为短期目标、中期目标、长期目标：

第一，短期目标：在一个月内，通过深呼吸训练和自我暗示，将比赛前的焦虑水平降低20%。

第二，中期目标：在三个月内，通过视觉化训练和专注力训练，将专注力评分提高至90分以上。

第三，长期目标：在六个月内，通过系统的心理训练，培养在比赛中的自信心和情绪稳定性，在重大比赛中表现更加稳定。

三、选择合适的心理训练方法

应根据训练目标和高尔夫球运动员的个性特点，选择合适的心理训练方法。常用的训练方法包括：

1. 放松训练。如渐进性肌肉放松、深呼吸训练等。这些方法有助于减轻比赛前的紧张和焦虑，帮助高尔夫球运动员保持平静和集中。

2. 自我暗示训练。通过积极的自我暗示，帮助高尔夫球运动员建立自信，减少负面情绪的影响。训练时，可以让高尔夫球运动员重复一些积极的短语，如“我能做到”、“我很自信”等。

3. 视觉化训练。帮助高尔夫球运动员在脑海中预演比赛情景和动作，提高比赛中的表现。视觉化训练可以在每天训练结束后进行，让高尔夫球运动员在放松的状态下想象自己在比赛中完美表现的画面。

4. 专注力训练。冥想训练、注意力集中训练等方法可以帮助高尔夫球运动员提高专注力，减少外界干扰的影响。

5. 压力管理训练。通过系统的压力管理训练，帮助高尔夫球运动员学会识别和应对比赛中的压力，提高抗压能力。

四、制订详细的训练计划

详细的训练计划应包括训练内容、训练频率、每次训练的时间安排、训练的具体步骤等。具体的训练计划应根据高尔夫球运动员的训练周期和个人需要进行调整。

详细训练计划包括：

1. 放松训练。频率：每周三次。时间：每次 20 分钟。步骤：5 分钟渐进性肌肉放松+15 分钟深呼吸训练。

2. 自我暗示训练。频率：每天。时间：每次 10 分钟。步骤：在早晨或晚上，面对镜子，重复积极的自我暗示短语，如“我很自信”、“我能应对所有挑战”等。

3. 视觉化训练。频率：每周四次。时间：每次 15 分钟。步骤：在放松的状态下，闭上眼睛，详细想象自己在比赛中的表现，从准备动作到挥杆、推杆的全过程。

4. 专注力训练。频率：每天。时间：每次 10 分钟。步骤：进行冥想训练，集中注意力在呼吸上，训练在短时间内集中和转移注意力。

五、训练进度的监控与调整

（一）训练进度监控与调整的过程

在训练过程中，教练应定期对高尔夫球运动员的训练进度进行监控，及时发现问题并进行调整。监控和调整的过程包括以下几个方面：

1. 定期评估。每两周进行一次心理状态评估，使用与初始评估相同的测量工具，比较数据变化，评估训练效果。

2. 训练反馈。鼓励高尔夫球运动员在训练日志中记录每天的训练情况和心理状态，分享训练中的困难和收获。

3. 调整计划。根据评估结果和高尔夫球运动员的反馈，及时调整训练内容和强度。例如，如果某种训练方法效果不明显，可以尝试其他方法或调整训练频率和时间。

（二）训练进度的调整方法

1. 调整训练内容。如果高尔夫球运动员在视觉化训练中感到难以集中，可以尝试结合音乐或引导词，帮助高尔夫球运动员更好地进入状态。

2. 调整训练频率。如果高尔夫球运动员在放松训练中感到效果显著，可以增加训练频率或延长每次训练时间，以进一步巩固效果。

3. 个性化调整。根据高尔夫球运动员的个性特点和心理状态，进行个性化的调整。例如，对于焦虑水平较高的高尔夫球运动员，可以增加放松训练的比例；对于自信心水平较低的高尔夫球运动员，可以加强自我暗示训练。

通过科学的个性化心理训练计划和日常化的心理技能训练，高尔夫球运动员可以在心理素质上得到显著提升，为其在竞技场上的表现提供有力的心理支持。这不仅有助于高尔夫球运动员竞技成绩的提升，更有助于其全面发展，成为具备坚韧心理素质和良好心理调节能力的优秀运动员。

第二节　注重心理技能训练日常化

心理技能的提升不仅需要系统的训练计划，还需要将心理训练融入日常训练和比赛中，形成一种长期的、稳定的心理素质。以下是实现心理技能训练日常化的几个关键策略：

一、将心理训练融入技术训练

在技术训练中，教练应有意识地加入心理训练的元素。通过将心理训练与技术训练相结合，高尔夫球运动员可以在实际操作中锻炼心理技能，提高训练的效果和实用性。

具体方法包括：

1. 推杆训练中的放松技巧训练。在进行推杆训练时，教练可以指导高尔夫球运动员在每次推杆前进行深呼吸，放松身心，集中注意力在推杆动作上。通过这种方式，高尔夫球运动员可以学习如何在高压环境下保持冷静和集中。

2. 挥杆训练中的视觉化训练。在进行挥杆训练时，教练可以让高尔夫球运动员在每次挥杆前进行视觉化训练，提前想象挥杆的动作和结果。这不仅可以帮助高尔夫球运动员提高动作的流畅性和准确性，还可以增强其自信心。

3. 比赛模拟中的心理训练。在模拟比赛环境中，教练可以设置一些比赛情景，让高尔夫球运动员在高压环境下训练自我暗示和情绪管理。例如，模拟重要比赛的最后一洞，高尔夫球运动员需要使用自我暗示和深呼吸技巧来减轻压力，确保稳定发挥。

二、建立心理训练的常规

为了让心理训练成为高尔夫球运动员日常生活的一部分，应建立固定的心理训练常规，可以帮助高尔夫球运动员养成良好的心理训练习惯，使心理训练成为其日常生活中不可或缺的一部分。

具体方法包括：

1. 每日冥想训练。每天早晨进行 10 分钟的冥想训练，帮助高尔夫球运动员在一天的开始时调整心态，保持平静和专注。冥想训练可以结合深呼吸训练，帮助高尔夫球运动员在训练和比赛中更好地管理情绪和压力。

2. 训练结束后的放松训练。每次训练结束后进行 5 分钟的放松训练，包括渐进性肌肉放松和深呼吸训练。这不仅可以帮助高尔夫球运动员放松身心，减少疲劳，还可以提高下一次训练的效果。

3. 赛前赛后的心理准备和总结。比赛前，进行 15 分钟的心理准备训练，包括视觉化训练、自我暗示和深呼吸训练。比赛后，进行10分钟的心理总结，反思比赛中的表现和心理状态，找出需要改进的地方。

三、利用比赛机会进行心理训练

比赛是心理训练的重要场景。在比赛中，高尔夫球运动员面临着更多的压力和挑战，是锻炼心理技能的最佳机会。通过比赛实战提高心理技能的实际应用能力，是心理训练日常化的重要组成部分。

具体方法包括：

1. 比赛中的自我暗示。在每次挥杆前，高尔夫球运动员可以使用自我暗示，如“我能做到”“保持专注”等，帮助自己在比赛中保持自信和集中。

2. 比赛中的呼吸调整。在比赛过程中，高尔夫球运动员可以通过深呼吸来调节紧张情绪，特别是在关键时刻，如推杆或最后一洞。深呼吸可以帮助高尔夫球运动员缓解紧张情绪，保持心态平和。

3. 比赛后的心理总结。每次比赛结束后，教练和高尔夫球运动员应进行详细的心理总结，分析比赛中的心理表现和问题。例如，高尔夫球运动员可以记录比赛中的紧张时刻和应对策略，反思哪些方法有效，哪些需要改进。

四、提供持续的心理支持

高尔夫球运动员的心理发展具有阶段性和波动性，心理训练需要持续的支持和指导。教练和心理咨询师应保持与高尔夫球运动员的密切联系，及时了解他们的心理状态和需求，提供持续的心理支持。

具体方法包括：

1. 定期心理辅导。每两周或每月进行一次心理辅导，与高尔夫球运动员讨论训练和比赛中的心理问题，提供个性化的建议和支持。心理辅导可以通过面对面或在线的方式进行，根据高尔夫球运动员的具体需求安排时间和内容。

2. 心理状态监控。教练和心理咨询师应定期使用心理评估工具，监控高尔夫球运动员的心理状态。例如，每月进行一次心理健康问卷调查，了解高尔夫球运动员的焦虑、压力、自信心等方面的变化，及时发现和解决问题。

3. 建立心理支持网络。鼓励高尔夫球运动员之间互相支持，形成一个积极的训练团队。例如，可以组织团队心理训练活动，如团体冥想、集体讨论等，增强高尔夫球运动员之间的信任和支持，提高整体的心理素质。

五、创建支持性的训练环境

训练环境对心理训练的效果有重要影响。教练应努力创建一个支持性的训练环境，鼓励高尔夫球运动员之间合作与互助，形成积极向上的训练氛围。

具体方法包括：

1. 团队建设活动。定期组织团队建设活动，如户外拓展、团体游戏等，增强高尔夫球运动员之间的信任和合作，促进团队精神的发展。

2. 心理训练奖励机制。设立心理训练奖励机制，激励高尔夫球运动员积极参与心理训练。例如，可以设立“心理训练之星”奖，每月评选一次，奖励在心理训练中表现突出的高尔夫球运动员，增强他们的积极性和自信心。

3. 营造积极的训练氛围。在训练场地张贴激励性的标语，如“保持专注”、“相信自己”等，营造积极向上的训练氛围，帮助高尔夫球运动员在训练中保持良好的心理状态。

通过科学的个性化心理训练计划和日常化的心理技能训练，高尔夫球运动员可以在心理素质上得到显著提升，从而为自己在竞技场上的表现提供有力的心理支持。这不仅有助于高尔夫球运动员的竞技成绩提升，更有助于其全面发展，使其成为具备坚韧心理素质和良好心理调节能力的优秀运动员。

心理训练的效果需要通过科学的评估和反馈来检验。在第七章中，我们将介绍心理训练的评估工具和方法，帮助教练和运动员通过反馈不断改进训练计划，提升心理训练的效果。

第七章　高尔夫球心理训练评估与反馈

第一节　心理训练效果的评估工具

在高尔夫球心理训练过程中，评估训练效果是至关重要的一环。通过系统化的评估，教练和心理咨询师可以了解高尔夫球运动员心理素质的变化，调整训练计划，提高训练效果。以下是一些常用的心理训练效果评估工具及其具体应用方法。

一、竞技状态焦虑量表（Competitive State Anxiety Inventory-2，CSAI-2）

竞技状态焦虑量表（CSAI-2）是评估运动员在比赛前焦虑水平的重要工具。CSAI-2 主要测量三个方面的焦虑：认知焦虑、躯体焦虑和自信心。该量表包含27个项目，每个项目评分从1（完全不同意）到4（完全同意）不等 。

具体方法为：

1. 测量时间。通常在比赛前一周和比赛当天早晨进行测量，以评估高尔夫球运动员在不同时间点的焦虑变化。

2. 数据分析。某高尔夫球运动员比赛前一周和比赛当天的CSAI-2 评分分别为：认知焦虑 12 分/15 分，躯体焦虑 10 分/14 分，自信心 8 分/5 分。通过分析发现，该高尔夫球运动员在比赛前夕焦虑水平显著上升，自信心下降，教练可以在比赛前夕加强放松训练和自我暗示训练，帮助高尔夫球运动员减轻焦虑，提升自信。

二、运动员心理特质问卷（Athletic Coping Skills Inventory，ACSI）

运动员心理特质问卷（ACSI）是一种评估运动员心理应对技能的工具，涵盖了运动员在压力下的心理表现和应对策略。ACSI包含 28 个项目，分为七个维度：应对压力、控制心态、目标设定与心理准备、集中注意力、自信与积极心态、教练能力评价和团队协作 。

具体方法为：

1. 测量时间。通常在赛季初、赛季中期和赛季结束后进行测量，以评估高尔夫球运动员在不同阶段的心理应对能力。

2. 数据分析。通过对比不同阶段的评分，教练和心理咨询师可以了解高尔夫球运动员在心理应对技能上的进步和不足，及时调整训练计划。

3. 应用实例。某高尔夫球运动员在赛季初和赛季中期的ACSI评分分别为：应对压力 5 分/7 分，控制心态 6 分/8 分，目标设定与心理准备 6 分/7 分，集中注意力 7 分/8 分，自信与积极心态 6 分/9 分，教练能力评价 5 分/6 分，团队协作 7 分/8 分。通过分析发现，该高尔夫球运动员在自信与积极心态方面进步显著，但在教练能力评价方面进步较慢。教练可以加强与高尔夫球运动员的沟通，提高对其心理支持的力度，进一步提升训练效果。

三、专注力测评量表（Test of Attentional and Interpersonal Style，TAIS）

专注力测评量表（TAIS）是一种评估运动员专注力的工具，涵盖了专注力的广度和深度，以及在不同情境下的专注表现。TAIS包含 144 个项目，分为六个维度：广泛外向注意、广泛内向注意、狭窄外向注意、狭窄内向注意、减少外界分心和减少内心分心。

具体方法为：

1. 测量时间。通常在赛季初、赛季中期和赛季结束后进行测量，以评估高尔夫球运动员在不同阶段的专注力水平。

2. 数据分析。通过对比不同阶段的评分，教练和心理咨询师可以了解高尔夫球运动员在专注力上的变化和发展，及时调整训练计划。

3. 应用实例。某高尔夫球运动员在赛季初和赛季中期的TAIS评分分别为：广泛外向注意 4 分/5 分，广泛内向注意 5 分/6 分，狭窄外向注意 6 分/7 分，狭窄内向注意 5 分/8 分，减少外界分心 3 分/4 分，减少内心分心 4 分/6 分。通过分析发现，该高尔夫球运动员在狭窄内向注意和减少内心分心方面进步显著，但在减少外界分心等方面进步较慢。教练可以针对减少外界分心方面制订专门的训练计划，如在训练场地设置干扰因素，帮助高尔夫球运动员提高在干扰环境中的专注力。

四、视觉化训练效果评估量表

视觉化训练效果评估量表是一种评估运动员视觉化训练效果的工具，涵盖了视觉化的清晰度、控制力和情境再现能力。该量表包含 20 个项目，每个项目评分从 1（完全不同意）到 5（完全同意）不等（Williams and Krane，1998）。

具体方法为：

1. 测量时间。通常在视觉化训练开始前、中期和结束后进行测量，以评估高尔夫球运动员在视觉化训练中的进步。

2. 数据分析。通过对比不同时期的评分，教练和心理咨询师可以了解高尔夫球运动员在视觉化训练中的进步和不足，及时调整训练计划。

3. 应用实例。某高尔夫球运动员在视觉化训练开始前期、中期和结束后的评分分别为：清晰度 3 分/4 分/5 分，控制力 4 分/5 分/5 分，情境再现能力 3 分/4 分/5 分。通过分析发现，该高尔夫球运动员在视觉化训练中的进步显著，训练效果良好。教练可以根据评估结果，进一步优化视觉化训练内容和方法，提高训练效果。

五、自信心测评量表（Athlete Self-Confidence Scale，ASCS）

自信心测评量表（ASCS）是一种评估运动员自信心水平的工具，涵盖了运动员在比赛和训练中的自信表现。ASCS包含 12 个项目，每个项目评分从 1（完全不同意）到5（完全同意）不等（Vealey，1986）。

具体方法为：

1. 测量时间。通常在赛季初、赛季中期和赛季结束后进行测量，以评估高尔夫球运动员在不同阶段的自信心水平。

2. 数据分析。通过对比不同阶段的评分，教练和心理咨询师可以了解高尔夫球运动员在自信心上的变化和发展，及时调整训练计划。

3. 应用实例。某高尔夫球运动员在赛季初和赛季中期的ASCS评分分别为：比赛自信心 4 分/5 分，训练自信心 3 分/4 分。通过分析发现，该高尔夫球运动员在比赛中的自信心提升较快，但在训练中的自信心提升较慢。教练可以针对训练中的自信心制订专门的训练计划，如增加正面反馈和鼓励，提升高尔夫球运动员在训练中的自信心。

六、运动员情绪调节量表（Emotion Regulation Questionnaire for Athletes，ERQ-A）

运动员情绪调节量表（ERQ-A）是一种评估运动员情绪调节能力的工具，涵盖了情绪调节策略和情绪调节效果。ERQ-A包含 10 个项目，每个项目评分从1（完全不同意）到7（完全同意）不等（Gross and John，2003）。

具体方法为：

1. 测量时间。通常在赛季初、赛季中期和赛季结束后进行测量，以评估高尔夫球运动员在不同阶段的情绪调节能力。

2. 数据分析。通过对比不同阶段的评分，教练和心理咨询师可以了解高尔夫球运动员在情绪调节上的变化和发展，及时调整训练计划。

3. 应用实例。某高尔夫球运动员在赛季初和赛季中期的ERQ-A评分分别为：情绪调节策略6分/7分，情绪调节效果5分/6分。通过分析发现，该高尔夫球运动员在情绪调节策略和效果上均有进步。教练可以根据评估结果，进一步优化情绪调节训练内容和方法，帮助高尔夫球运动员在比赛中更好地调节情绪。

七、运动员心理韧性量表（Sport Mental Toughness Questionnaire，SMTQ）

运动员心理韧性量表（SMTQ）是一种评估运动员心理韧性的工具，涵盖了心理韧性的重要维度，如控制力、坚持力和信心。SMTQ包含14个项目，每个项目评分从1（完全不同意）到4（完全同意）不等（Sheard et al.，2009）。

具体方法为：

1. 测量时间。通常在赛季初、赛季中期和赛季结束后进行测量，以评估高尔夫球运动员在不同阶段的心理韧性水平。

2. 数据分析。通过对比不同阶段的评分，教练和心理咨询师可以了解高尔夫球运动员在心理韧性上的变化和发展，及时调整训练计划。

3. 应用实例。某高尔夫球运动员在赛季初和赛季中期的SMTQ评分分别为：控制力3分/4分，坚持力3分/4分，信心4分/5分。通过分析发现，该高尔夫球运动员在心理韧性各个维度上均有进步。教练可以根据评估结果，进一步加强心理韧性训练，帮助高尔夫球运动员在比赛中更好地应对压力和挑战。

八、运动员比赛表现评估量表

运动员比赛表现评估量表是一种评估运动员在比赛中心理表现的工具，涵盖了比赛中的专注力、自信心、情绪调节和应对策略等方面。该量表包含20个项目，每个项目评分从1（非常差）到5（非常好）不等（Weinberg and Gould，2014）。

具体方法为：

1. 测量时间。通常在每次比赛结束后进行测量，以评估高尔夫球运动员在比赛中的心理表现。

2. 数据分析。通过对比不同比赛的评分，教练和心理咨询师可以了解高尔夫球运动员在比赛中的心理表现变化，及时调整训练计划。

3. 应用实例。某高尔夫球运动员在两次比赛后的评分分别为：专注力4分/5分，自信心3分/4分，情绪调节4分/5分，应对策略3分/4分。通过分析发现，该高尔夫球运动员在比赛表现各个维度上均有进步。教练可以根据评估结果，进一步优化比赛前后的心理准备和总结，提升高尔夫球运动员的比赛心理素质。

通过使用这些评估工具，教练和心理咨询师可以系统地了解高尔夫球运动员在心理训练中的进步和不足，及时调整训练计划，提高训练效果。这些工具不仅可以评估心理训练的效果，还可以为制订个性化训练计划提供科学依据，帮助高尔夫球运动员在心理素质上得到显著提升，为其在竞技场上的表现提供有力的心理支持。这不仅有助于高尔夫球运动员的竞技成绩提升，更有助于其全面发展，使其成为具备坚韧心理素质和良好心理调节能力的优秀运动员。

第二节　训练进度的监控与反馈

在高尔夫球心理训练过程中，监控训练进度和及时反馈是确保训练效果的关键。通过系统的监控和反馈机制，教练和心理咨询师可以了解高尔夫球运动员的训练进展，及时调整训练计划，提高训练的针对性和有效性。以下是一些具体的监控和反馈方法及其应用。

一、建立训练日志

训练日志是记录高尔夫球运动员训练情况的重要工具。通过记录每日训练内容、训练感受、心理状态和自我评价，高尔夫球运动员可以更加清晰地了解自己的训练进展，教练也可以据此提供有针对性的指导和反馈。

具体方法为：

1. 每日记录。高尔夫球运动员应在每次训练后记录当天的训练内容（如训练项目、训练时间）、心理状态（如情绪、焦虑水平）、自我评价（如训练效果、自信心）等。

2. 周总结。每周进行一次总结，回顾本周的训练情况，分析进步和不足，制订下周的训练计划。

3. 教练反馈。教练应定期查看高尔夫球运动员的训练日志，提供具体的反馈和建议。例如，对于自信心水平较低的高尔夫球运动员，教练可以鼓励其记录更多的积极自我暗示和成功经验，增强自信。

二、定期心理评估

定期进行心理评估可以系统地了解高尔夫球运动员的心理状态和训练效果，为调整训练计划提供科学依据。常用的心理评估工具包括竞技状态焦虑量表（CSAI-2）、运动员心理特质问卷（ACSI）、专注力测评量表（TAIS）等。

具体方法为：

1. 评估频率。通常在赛季初、赛季中期和赛季结束后进行评估。对于重点高尔夫球运动员，可以增加评估频率，如每月进行一次。

2. 评估内容。根据训练目标和高尔夫球运动员的具体情况，选择合适的评估工具，全面评估高尔夫球运动员的心理状态。

3. 数据分析。通过对比不同时期的评估结果，了解高尔夫球运动员的心理变化，及时发现问题并调整训练计划。

三、训练视频分析

训练视频分析是监控训练进度的重要手段。通过录制高尔夫球运动员的训练视频，教练和高尔夫球运动员可以详细观察训练动作和心理表现，找出改进的细节。

具体方法为：

1. 视频录制。每次训练中录制关键训练项目的视频，如挥杆、推杆等，记录高尔夫球运动员的动作和心理表现。

2. 视频回放。训练后，教练和高尔夫球运动员共同回放视频，分析训练动作的细节和心理表现，如动作是否流畅、自信心是否充足等。

3. 改进建议。根据视频分析的结果，教练提供具体的改进建议，并制订相应的训练计划。例如，如果发现高尔夫球运动员在挥杆时紧张，可以增加放松训练和自我暗示训练。

四、反馈会议

定期召开反馈会议是沟通和反馈的重要形式。通过面对面的交流，教练和运动员可以深入讨论训练中的问题和解决方案，增强训练的效果。

具体方法为：

1. 会议频率。每月召开一次反馈会议，重点高尔夫球运动员可以增加会议频率，如每两周一次。

2. 会议内容。总结近期的训练情况，分析心理评估结果，讨论存在的问题和改进方案。

3. 会议形式。采取一对一的形式，确保充分沟通；对于团队训练，可以召开小组会议，促进高尔夫球运动员之间的交流和互助。

五、训练数据分析

通过收集和分析训练数据，可以量化训练效果，提供科学的依据。常用的数据包括训练强度、训练时间、心理状态评分等。

具体方法为：

1. 数据收集。使用训练日志、心理评估工具和视频分析结果，收集高尔夫球运动员的训练数据。

2. 数据分析。采用统计分析方法，分析训练数据的变化趋势和相关性。例如，可以使用相关分析，了解训练强度与心理状态的关系，指导训练计划的调整。

3. 结果反馈。将分析结果反馈给高尔夫球运动员，帮助其了解训练效果，增强训练的科学性和针对性。

六、心理辅导与支持

在训练过程中，心理辅导和支持是提高训练效果的重要保障。通过定期的心理辅导，教练和心理咨询师可以帮助高尔夫球运动员解决心理问题，增强心理素质。

具体方法为：

1. 定期辅导。每两周或每月进行一次心理辅导，重点高尔夫球运动员可以增加辅导频率。辅导内容包括情绪管理、自信心提升、压力应对等。

2. 个性化支持。根据高尔夫球运动员的个性特点和心理需求，提供个性化的心理支持。例如，对于焦虑水平较高的高尔夫球运动员，可以增加放松训练和呼吸训练，帮助其减轻焦虑。

3. 即时反馈。在训练和比赛中，及时关注高尔夫球运动员的心理状态，提供即时的心理支持和建议。例如，在比赛前夕，给予高尔夫球运动员积极的心理暗示和鼓励，帮助其保持良好的心理状态。

七、团队建设与互动

团队建设与互动是提高训练效果的重要因素。通过增强高尔夫球运动员之间的互动和支持，可以形成积极向上的团队氛围，促进高尔夫球运动员的心理素质提升。

具体方法为：

1. 团队活动。定期组织团队建设活动，如户外拓展、团队游戏等，增强高尔夫球运动员之间的信任和合作。

2. 小组讨论。在训练中组织小组讨论，分享训练经验和心理感受，促进高尔夫球运动员之间的交流和互助。

3. 互助机制。建立高尔夫球运动员之间的互助机制，例如安排有经验的高尔夫球运动员与新高尔夫球运动员结对，帮助新高尔夫球运动员适应训练和比赛环境，提高心理素质。

八、家庭支持与沟通

家庭支持是高尔夫球运动员心理训练的重要保障。通过与高尔夫球运动员家长的沟通和合作，可以增强家庭对高尔夫球运动员心理训练的支持，促进训练效果。

具体方法为：

1. 家庭会议。定期召开家庭会议，与高尔夫球运动员家长沟通训练情况和心理状态，争取家庭的支持和理解。

2. 心理教育。为家长提供心理教育，帮助其了解高尔夫球运动员的心理发展特点和训练需求，提高家长的心理支持能力。

3. 家庭活动。组织家庭参与的活动，如亲子运动会、家庭心理辅导等，增强家庭成员之间的互动和支持，促进高尔夫球运动员的心理素质提升。

通过这些监控和反馈方法，教练和心理咨询师可以系统地了解高尔夫球运动员的训练进展，及时发现问题并调整训练计划，提高训练的针对性和有效性。这不仅有助于高尔夫球运动员的竞技成绩提升，更有助于其全面发展，使其成为具备坚韧心理素质和良好心理调节能力的优秀运动员。

第八章　结　语

第一节　高尔夫球心理训练的研究方向与未来挑战

随着高尔夫球运动的普及和发展，心理训练在提升高尔夫球运动员竞技表现中的重要性日益显现。尽管已有许多研究揭示了心理训练对运动表现的积极影响，但在国内外的研究中仍存在一些不足和挑战，未来的研究方向也亟待进一步探索和拓展。本章将从当前研究现状、存在的问题和未来的研究方向与挑战三个方面进行探讨。

一、当前研究现状

在国内外，高尔夫球心理训练的研究已经取得了一定的进展，研究主要集中在以下几个方面：

1. 心理技能训练。大量研究表明，心理技能训练（如视觉化、自我暗示、放松训练等）能够有效提升高尔夫球运动员的心理素质和竞技表现。通过系统的心理技能训练，高尔夫球运动员可以在比赛中保持良好的心理状态，减少焦虑和压力，提高自信心水平和专注力。

2. 心理评估工具。多种心理评估工具（如CSAI-2、ACSI、TAIS等）被广泛应用于评估高尔夫球运动员的心理状态和训练效果。这些工具为教练和心理咨询师提供了科学的依据，有助于制订和调整个性化的心理训练计划。

3. 心理辅导与支持。研究表明，系统的心理辅导与支持能够帮助高尔夫球运动员更好地应对训练和比赛中的心理压力，提升心理韧性和应对能力。通过定期的心理辅导，教练和心理咨询师可以及时发现和解决高尔夫球运动员的心理问题，提供个性化的心理支持。

4. 团队建设与互动。团队建设与互动在提升高尔夫球运动员心理素质方面起到了重要作用。研究发现，良好的团队氛围和积极的互动能够增强高尔夫球运动员的信任和合作，促进心理素质的提升。

二、存在的问题和不足

尽管研究取得了一定进展，但当前高尔夫球心理训练研究中仍存在一些问题和不足：

1. 研究样本有限。许多研究的样本量较小，难以全面反映不同背景和水平高尔夫球运动员的心理特点和需求。特别是在国内，高尔夫球运动员的研究样本较为有限，影响了研究结果的普适性。

2. 纵向研究不足。大部分研究采用横断面设计，缺乏对高尔夫球运动员长期心理发展和训练效果的纵向跟踪，而纵向研究能够更好地揭示心理训练的长期效果和变化规律，有助于制订更科学的训练计划。

3. 多学科交叉研究欠缺。心理训练不仅涉及心理学，还涉及教育学、运动科学等多个学科。然而，现有研究中多学科交叉研究较少，影响了对心理训练机制的全面理解和应用。

4. 实证研究不足。虽然已有不少理论研究，但实证研究相对较少，特别是在实际训练和比赛中的应用研究较少。这使得一些心理训练方法在实践中的效果和适用性尚未得到充分验证。

5. 个性化训练欠缺。虽然强调个性化心理训练，但在实际应用中，许多训练计划仍采用统一的模式，缺乏对高尔夫球运动员个性特点和心理需求的充分考虑，影响了训练效果的最大化。

三、面向未来挑战的研究方向

为了解决当前存在的问题，进一步提升高尔夫球心理训练的效果，面向未来挑战的研究方向包括以下几个方面。

（一）扩大研究样本和范围

未来的研究应扩大研究样本和范围，涵盖不同年龄、性别、文化背景和竞技水平的高尔夫球运动员。通过大规模、多样化的样本研究，可以更全面地了解不同高尔夫球运动员的心理特点和需求，制订更有针对性的心理训练计划。

（二）加强纵向研究

未来的研究应加强纵向设计，强调跟踪高尔夫球运动员的长期心理发展和训练效果。通过长期跟踪研究，可以揭示心理训练的长期影响和变化规律，为制订科学的长期训练计划提供依据。

（三）推进多学科交叉研究

心理训练涉及多个学科的知识和方法，未来的研究应加强多学科交叉，综合运用心理学、教育学、运动科学等多学科的理论和方法，深入探讨心理训练的机制和效果。例如，可以结合神经科学技术，研究心理训练对大脑功能和结构的影响，揭示心理训练的生理机制。

（四）增加实证研究

未来的研究应增加实证研究，特别是在实际训练和比赛中的应用研究。通过实证研究，可以验证不同心理训练方法的实际效果和适用性，优化训练计划，提高训练效果。例如，可以在实际比赛中进行干预研究，比较不同心理训练方法对比赛表现的影响，找到最有效的训练策略。

（五）个性化训练的深入探索

未来的研究应深入探索个性化心理训练，根据高尔夫球运动员的个性特点、心理需求和竞技目标，制订和实施个性化的训练计划。例如，可以通过心理评估工具，全面了解高尔夫球运动员的心理状态和需求，有针对性地制订训练计划，并在训练过程中及时调整，提高训练的针对性和有效性。

（六）心理训练技术的创新与应用

随着科技的发展，心理训练技术也在不断创新。未来的研究应关注心理训练新技术的开发和应用，如虚拟现实（VR）、生物反馈技术等。这些技术可以提供更逼真的训练环境和更精确的反馈，有助于提高心理训练的效果。例如，通过虚拟现实技术，可以模拟真实的比赛情景，帮助高尔夫球运动员在训练中更好地适应比赛压力，提高心理应对能力。

（七）心理训练效果的综合评估

未来的研究应建立综合评估体系，全面评估心理训练的效果。这不仅包括心理状态的评估，还包括生理指标、行为表现和竞技成绩等多个方面。通过综合评估，可以全面了解心理训练的效果和影响，提供科学的依据。

（八）家庭和社会支持的研究

高尔夫球运动员的心理发展离不开家庭和社会的支持。未来的研究应关注家庭和社会支持在心理训练中的作用，探讨如何通过家庭和社会的协同作用，促进高尔夫球运动员的心理素质提升。例如，可以研究家庭教育、亲子关系对高尔夫球运动员心理发展的影响，探索有效的家庭心理教育方法，增强家庭对高尔夫球运动员的心理支持。

（九）心理训练的文化适应性研究

不同文化背景下的高尔夫球运动员在心理特点和需求上存在差异。未来的研究应关注心理训练的文化适应性，探讨如何根据不同文化背景，制订和实施适应性的心理训练计划。例如，可以研究中国文化背景下高尔夫球运动员的心理特点，结合传统文化，开发适合中国高尔夫球运动员的心理训练方法。

（十）心理训练的伦理问题研究

心理训练在实际应用中涉及一些伦理问题，如隐私保护、心理伤害预防等。未来的研究应关注心理训练的伦理问题，制定相关的伦理规范和指导原则，确保心理训练的科学性和伦理性。例如，可以研究心理评估工具的使用规范，确保评估过程的隐私保护和数据安全。

通过以上研究方向和挑战的探索和实践，高尔夫球心理训练将迎来更加科学和全面的发展。未来的研究不仅有助于提升高尔夫球运动员的竞技表现，还将促进其全面发展，培养具备坚韧心理素质和良好心理调节能力的优秀高尔夫球运动员。这不仅对高尔夫球运动的发展具有重要意义，也对高尔夫球运动员的心理健康和全面发展具有积极的促进作用。

第二节　高尔夫球心理训练的发展趋势

随着高尔夫球运动在全球范围内的普及和发展，心理训练在提高运动员表现中的作用日益受到重视，高尔夫球心理训练的发展趋势不仅关系到个人竞技水平的提升，更影响到整个运动的发展方向。在当前国内外研究现状的基础上，本节将探讨高尔夫球心理训练的发展趋势。

一、科技驱动的心理训练

随着科技的不断进步，心理训练的方式和手段也在不断革新。未来，高尔夫球心理训练将更多地依赖于高科技手段，提升训练的科学性和效果。

（一）虚拟现实（VR）技术

虚拟现实技术通过构建逼真的训练环境，使高尔夫球运动员能够在虚拟情境中进行心理训练。VR技术可以模拟各种比赛场景和压力情境，让高尔夫球运动员在训练中适应不同的比赛压力，提高心理应对能力。例如，通过VR技术模拟比赛中的关键推杆，帮助高尔夫球运动员在虚拟环境中训练集中注意力和调节情绪，提高比赛中的表现。

（二）生物反馈技术

生物反馈技术通过监测高尔夫球运动员的生理指标（如心率、皮肤电反应等），实时反馈其心理状态，帮助高尔夫球运动员进行自我调节。未来，生物反馈技术将在高尔夫球心理训练中发挥重要作用，帮助高尔夫球运动员实时监测和调整心理状态，提高训练效果。例如，通过生物反馈技术监测高尔夫球运动员在比赛中的心率变化，及时调整呼吸和放松训练，保持心理平衡。

（三）人工智能（AI）技术

人工智能技术在数据分析和个性化训练方面具有独特优势。通过AI技术，可以对大量训练数据进行分析，找出影响心理状态的关键因素，制订更科学的训练计划。例如，利用AI技术可以分析高尔夫球运动员在不同训练阶段的心理评估数据，提供个性化的心理训练建议，提高训练的针对性和有效性。

二、个性化和精细化的心理训练

随着对心理训练认识的深入，个性化和精细化的训练将成为未来的趋势。根据高尔夫球运动员的个性特点和心理需求，制订和实施个性化的心理训练计划，帮助高尔夫球运动员更好地应对训练和比赛中的心理挑战。

（一）个性化评估

未来的心理训练将更加注重个性化评估，可以通过多维度的心理测评工具，全面了解高尔夫球运动员的心理状态和需求。例如，结合CSAI-2、ACSI、TAIS等工具，全面评估高尔夫球运动员的焦虑水平、自信心、专注力等方面，制订有针对性的训练计划。

（二）精细化训练内容

个性化训练不仅体现在评估上，更体现在训练内容的精细化上。可以根据评估结果，设计具体的训练内容和步骤，帮助高尔夫球运动员逐步提升心理素质。例如：对于自信心水平较低的高尔夫球运动员，可以增加自我暗示和成功体验训练，逐步提升其自信心；对于焦虑水平较高的高尔夫球运动员，可以加强放松训练和情绪调节，提高其心理应对能力。

（三）动态调整

未来的心理训练将更加注重动态调整，应根据高尔夫球运动员的训练进展和心理变化，及时调整训练计划和内容。通过定期评估和反馈，了解高尔夫球运动员的心理变化，及时发现问题并进行调整，确保训练效果。例如，通过定期心理评估，发现某高尔夫球运动员在比赛前夕焦虑水平上升，可以增加比赛前的放松训练和心理辅导，帮助其减轻焦虑。

三、多学科交叉融合

心理训练不仅涉及心理学，还涉及教育学、运动科学、神经科学等多个学科。未来的心理训练将更多地依赖于多学科交叉融合，综合运用不同学科的理论和方法，提升训练效果。

（一）教育学理论

结合教育学理论，可以更好地理解和指导高尔夫球运动员的心理发展和训练方法。例如，通过教育心理学，了解高尔夫球运动员的认知特点和学习方式，设计适合其心理发展的训练计划，增强训练的有效性。

（二）运动科学技术

结合运动科学技术，可以更科学地指导心理训练和运动表现的提升。例如：通过运动生理学，了解心理训练对运动表现的生理影响，制订更加科学的训练计划；通过运动生物力学，分析和优化训练动作，提高训练效果。

（三）神经科学研究

神经科学研究揭示了心理训练对大脑功能和结构的影响，为心理训练提供了新的视角和方法。例如，通过功能性磁共振成像（fMRI）技术，研究心理训练对大脑功能区的激活和连接变化，揭示心理训练的神经机制，指导训练实践。

（四）社会支持和环境建设

高尔夫球心理训练的发展离不开社会支持和良好的训练环境。未来的心理训练将更加注重社会支持和环境建设，应通过家庭、学校和社会的协同作用，创造有利于心理训练的环境。

1. 家庭支持。家庭是高尔夫球运动员心理发展的重要环境，未来的心理训练将更加注重家庭支持的作用。通过与家长的沟通和合作，增强家庭对高尔夫球运动员心理训练的支持，帮助高尔夫球运动员在家庭环境中获得更多的心理支持和鼓励。例如，可以通过家庭会议和心理教育，帮助家长了解高尔夫球运动员的心理特点和训练需求，提高家长的心理支持能力。

2. 学校支持。学校是高尔夫球运动员生活的重要场所，未来的心理训练将更加注重学校支持的作用。通过与学校的合作，增强学校对高尔夫球运动员心理训练的支持，创造良好的学校环境。例如，可以通过学校心理辅导和心理课程，帮助高尔夫球运动员在学校环境中获得更多的心理支持。

3. 社会支持。社会是高尔夫球运动员心理发展的重要背景，未来的心理训练将更加注重社会支持的作用。通过与社会各界的合作，增强社会对高尔夫球运动员心理训练的支持，创造有利于心理发展的社会环境。例如，可以通过社会心理服务机构和社区活动，帮助高尔夫球运动员在社会环境中获得更多的心理支持和服务。

4. 文化适应性和本土化。不同文化背景下的高尔夫球运动员在心理特点和需求上存在差异，未来的心理训练将更加注重文化适应性和本土化。

（1）文化适应性。未来的心理训练将更加注重文化适应性，应研究和理解不同文化背景下高尔夫球运动员的心理特点和需求，制订适应性的训练计划。例如，可以通过跨文化心理学研究，了解不同文化背景下高尔夫球运动员的心理特征和行为模式，设计适合其文化背景的心理训练方法。

（2）本土化。未来的心理训练将更加注重本土化，应根据本土文化背景，制订和实施本土化的心理训练计划。例如，在中国文化背景下，可以结合传统文化，开发适合中国高尔夫球运动员的心理训练方法，如结合中医理论的放松训练、传统武术的心理调节方法等。

5. 心理训练的伦理规范。心理训练在实际应用中涉及一些伦理问题，如隐私保护、心理伤害预防等。未来的心理训练将更加注重伦理规范，确保训练的科学性和伦理性。

（1）隐私保护。未来的心理训练将更加注重隐私保护，应制定相关的隐私保护措施，以确保高尔夫球运动员的个人信息和心理数据安全。例如，可以通过数据加密和访问控制，保护高尔夫球运动员的心理数据不被泄露和滥用。

（2）心理伤害预防。未来的心理训练将更加注重心理伤害预防，应制定相关的心理伤害预防措施，以确保训练过程中的心理安全。例如，可以通过心理评估和辅导，及时发现和处理高尔夫球运动员的心理问题，防止心理伤害的发生。

通过以上趋势的探索和实践，高尔夫球心理训练将迎来更加科学和全面的发展。未来的心理训练不仅有助于提升高尔夫球运动员的竞技表现，更将促进其全面发展，培养具备坚韧心理素质和良好心理调节能力的优秀高尔夫球运动员。这不仅对高尔夫球运动的发展具有重要意义，对高尔夫球运动员的心理健康和全面发展也具有积极的促进作用。

第三节 对高尔夫球教练和高尔夫球运动员的建议

在高尔夫球心理训练的发展过程中，教练和运动员扮演着关键的角色。有效的心理训练不仅需要科学的方法和手段，更需要教练和运动员的密切配合和积极参与。基于当前国内外高尔夫球心理训练学的研究现状，本节提出以下建议，以期为高尔夫球教练和高尔夫球运动员提供实用的指导和参考。

一、对高尔夫球教练的建议

（一）注重心理教育，提升专业素养

高尔夫球教练应加强心理学知识的学习，提升自身的专业素养。通过系统的心理学教育，教练可以更好地理解和应用心理训练方法，帮助运动员提

高心理素质。

建议一：参加心理学培训。教练可以参加心理学培训课程或工作坊，学习心理评估、心理技能训练和心理辅导的基本理论和方法。例如，可以参加由专业机构举办的运动心理学培训课程，系统学习相关知识。

建议二：阅读专业书籍和文献。教练应积极阅读运动心理学领域的专业书籍和文献，了解最新的研究成果和实践方法。例如，可以阅读《运动心理学基础》《竞技心理学》等经典著作，提升自身的理论水平和实践能力。

建议三：与心理专家合作。教练可以与心理专家合作，共同制订和实施心理训练计划。例如，可以邀请心理咨询师参与球队的日常训练和比赛，提供专业的心理支持和指导。

（二）制订个性化训练计划，因材施教

每名高尔夫球运动员的心理特点和需求各不相同，教练应根据高尔夫球运动员的个性特点和心理需求，制订和实施个性化的心理训练计划。个性化训练计划可以提高训练的针对性和有效性，帮助高尔夫球运动员更好地应对心理挑战。

建议一：全面评估高尔夫球运动员心理状态。在制订训练计划前，教练应使用科学的心理评估工具，全面评估高尔夫球运动员的心理状态。例如，可以使用CSAI-2 评估高尔夫球运动员的焦虑水平，使用ACSI评估高尔夫球运动员的心理应对技能。

建议二：制定具体的训练目标和内容。根据评估结果，制定具体的训练目标和内容。例如：对于自信心水平较低的高尔夫球运动员，可以增加自我暗示和成功体验训练；对于专注力较弱的高尔夫球运动员，可以加强冥想和注意力集中训练。

建议三：动态调整训练计划。在训练过程中，教练应根据高尔夫球运动员的训练进展和心理变化，及时调整训练计划。例如，通过定期心理评估，发现某高尔夫球运动员的焦虑水平上升，则可以增加放松训练和心理辅导，帮助其减轻焦虑。

（三）加强沟通与反馈，建立信任关系

良好的沟通和反馈是提高训练效果的重要保障。教练应与高尔夫球运动员建立信任关系，及时了解高尔夫球运动员的心理状态和需求，提供有针对性的反馈和支持。

建议一：定期召开反馈会议。教练应定期召开反馈会议，与高尔夫球运动员深入交流训练情况和心理状态。例如，每月召开一次一对一的反馈会议，讨论训练进展和存在的问题，提供具体的改进建议。

建议二：鼓励高尔夫球运动员表达心理需求。教练应鼓励高尔夫球运动员积极表达自己的心理需求和感受，及时了解高尔夫球运动员的心理状况。例如，可以通过匿名问卷调查，了解高尔夫球运动员在训练和比赛中的心理压力和困扰，提供针对性的支持。

建议三：提供积极的心理反馈。在训练和比赛中，教练应及时给予高尔夫球运动员积极的心理反馈，增强其自信心。例如，在高尔夫球运动员完成一次出色的挥杆后给予肯定和鼓励，帮助其建立正向的心理反馈。

二、对高尔夫球运动员的建议

（一）培养积极心态，提高心理素质

积极的心态和较高的心理素质是提高竞技表现的基础。高尔夫球运动员应通过系统的心理训练，培养积极心态，提高心理素质。

建议一：进行自我暗示训练。通过积极的自我暗示，增强自信心，减少负面情绪的影响。例如，每天早上和晚上，对自己进行积极的自我暗示，如“我很自信”、“我能应对所有挑战”。

建议二：进行视觉化训练。通过视觉化训练，在脑海中预演比赛情景和动作，提高心理应对能力。例如，每天进行15分钟的视觉化训练，想象自己在比赛中的完美表现，提高自信心和专注力。

建议三：进行放松训练。通过放松训练，减轻压力和焦虑，保持心理平衡。例如，每天进行 10 分钟的深呼吸训练和渐进性肌肉放松训练，帮助自己在训练和比赛中保持平静。

（二）建立良好习惯，保持心理健康

良好的生活习惯对心理健康至关重要。高尔夫球运动员应养成良好的生活习惯，保持心理健康和稳定。

建议一：保持规律作息。规律的作息有助于保持身体和心理的平衡。例如，每天按时作息，保证充足的睡眠时间，提高身体的恢复能力和心理的稳定性。

建议二：均衡饮食。均衡的饮食有助于提高健康水平。例如，多吃富含维生素和矿物质的食物，保持营养均衡，提高免疫力和心理抗压能力。

建议三：适度运动。适度的运动有助于释放压力和减轻焦虑，保持心理健康。例如，每天进行 30 分钟的有氧运动，如跑步、游泳等，帮助自己放松身心，提高心理的调节能力。

（三）主动寻求支持，增强心理应对能力

在面对心理压力和困扰时，高尔夫球运动员应主动寻求支持，增强心理应对能力。

建议一：寻求教练和心理咨询师的帮助。在遇到心理问题时，高尔夫球运动员应及时向教练和心理咨询师寻求帮助，获得专业的指导和支持。例如，在比赛前夕感到焦虑时，可以向心理咨询师寻求放松训练和心理辅导，减轻心理压力。

建议二：与队友和家人交流。通过与队友和家人的交流，可以获得情感支持和鼓励，提高心理调节能力。例如，在训练和比赛中遇到困难时，可以与队友分享心理感受，获得队友的支持和理解。

建议三：参加心理辅导和训练。高尔夫球运动员应积极参加心理辅导和训练，提高心理素质和应对能力。例如，可以参加由心理咨询师组织的心理

辅导课程，学习放松训练、情绪调节等心理技能，提高心理应对能力。

（四）保持积极态度，面对挑战和失败

在高尔夫球运动中，挑战和失败是不可避免的。高尔夫球运动员应保持积极态度，面对挑战和失败，从中学习和成长。

建议一：接受失败，寻找改进。失败是学习和改进的机会，高尔夫球运动员应学会接受失败，从中寻找改进的方向。例如，在比赛中失利后，分析失败的原因，制订改进计划，提升自己的心理素质和技术水平。

建议二：设定合理目标，逐步实现。合理的目标可以激励自己不断进步，保持积极的心理状态。例如，可以设定短期、中期和长期的心理训练目标，逐步实现，提高自己的心理素质。

建议三：保持乐观态度，增强自信心。乐观的态度有助于增强自信心，保持心理的平衡和稳定。例如，在训练和比赛中遇到困难时，保持乐观的态度，相信自己的能力，积极应对挑战。

参考文献

[1] BEILOCK S L, CARR T H, MACMAHON C, et al. When paying attention becomes counterproductive: impact of divided versus skill-focused attention on novice and experienced performance of sensorimotor skills [J]. Journal of experimental psychology-appled, 2002, 8 (1): 6-16.

[2] KITSANTAS A, ZIMMERMAN B J. Comparing self-regulatory processes among novice, non-expert, and expert volleyball players: a microanalytic study [J]. Journal of applied sport psychology, 2002, 14 (2): 91-105.

[3] BLAKEMORE S J, CHOUDHURY S. Development of the adolescent brain: implications for executive function and social cognition [J]. Child psychol psychiatry, 2006, 47 (3-4): 296-312.

[4] FURLEY P, MEMMERT D. Differences in spatial working memory as a function of team sports expertise: the Corsi block-tapping task in sport psychological assessment [J]. Perceptual and motor skill, 2010, 110 (3): 801-808.

[5] STEINBERG L. Cognitive and affective development in adolescence [J]. Trends in cognitive sciences, 2005, 9 (2): 69-74.

[6] HOLT N L, DUNN J. Toward a grounded theory of the psychosocial competencies and environmental conditions associated with soccer success [J]. Journal of applied sport psychology, 2004, 16 (3): 199-219.

[7] SWELLER J. Cognitive load theory and individual differences [J]. Learning and individual differences, 2024, 110.

[8] NICHOLLS A R，POLMAN R C J，LEVY A R. A path analysis of stress appraisals，emotions，coping，and performance satisfaction among athletes [J]. Psychology of sport and exercise，2012，13 (3)：263–270.

[9] NICHOLLS A R，POLMAN R C. Coping in sport：a systematic review [J]. Journal of sports sciences，2007，25 (1)：11–31.

[10] GROSS J J. Emotion regulation：affective，cognitive，and social consequences [J]. Psychophysiology，2002，39 (3)：281–291.

[11] REES T，HARDY L. Matching social support with stressors：effects on factors underlying performance in tennis [J]. Psychology of sport and exercise，2004，5 (3)：319–337.

[12] CARRON A V，BRAY S R，EYS M A. Team cohesion and team success in sport [J]. Journal of sports sciences，2002，20 (2)：119–126.

[13] REES T，HARDY L，FREEMAN P. Stressors，social support，and effects upon performance in golf [J]. Journal of sports sciences，2007，25 (1)：33–42.

[14] GOULD D，DIEFFENBACH K，MOFFETT A. Psychological characteristics and their development in Olympic champions [J]. Journal of applied sport psychology，2002，14 (3)：172–204.

[15] SMOLL F L，CUMMING S P，SMITH R E. Enhancing coach–parent relationships in youth sports：increasing harmony and minimizing hassle [J]. International journal of sports science & coaching，2011，6 (1)：13–26.

[16] CONROY D E，COATSWORTH J D. Coach training as a strategy for promoting youth social development [J]. Sport psychologist，2006，20 (2)：128–144.

[17] BRUNER M W，BOARDLEY I D，BENSON A J，et al. Disentangling the relations between social identity and prosocial and antisocial behavior in competitive youth sport [J]. Journal youth and adolesc，2018，47 (5)：1113–1127.

[18] HOLT N L，TAMMINEN K A，BLACK D E，et al. Parental involvement in competitive youth sport settings [J]. Psychology of sport and exercise，2008，9 (5)：663–685.

[19] VEGA–DIAZ M，GONZALEZ–GARCIA H，DE LABRA C. Influence of parental involvement and parenting styles in children's active lifestyle：a systematic review [J]. Peerj，2023：11.

[20] SMITH R E，SMOLL F L，CUMMING S P. Effects of a motivational climate intervention for coaches on young athletes' sport performance anxiety [J]. Journal of sport & exercise psychology，2007，29 (1)：39–59.

[21] OPPEDAL B，KELES S，ROYSAMB E. Subjective well–being among unaccompanied refugee youth：longitudinal associations with discrimination and ethnic identity crisis [J]. Front psychol，2022，13.

[22] STRAUB G，PLESSNER H. Frequency and performance relevance of parent–coaches in competition–oriented sports [J]. German journal of exercise and sport research，2024，54 (3)：366–373.

[23] GAO Z，CHEE C S，WAZIR M R W N，et al. The role of parents in the motivation of young athletes：a systematic review [J]. Frontiers in psychology，2024，14.

[24] NORTHOFF G. Is the self a higher–order or fundamental function of the brain? The "basis model of self–specificity" and its encoding by the brain's spontaneous activity [J]. Cognitive neuroscience，2016，7 (1–4)：203–222.

[25] EIME R M，YOUNG J A，HARVEY J T，et al. A systematic review of the psychological and social benefits of participation in sport for children and adolescents：informing development of a conceptual model of health through sport [J]. International journal of behavioral nutrition and physical activity，2013，10：98.

[26] TRAINOR L R，BUNDON A. Clarifying concepts："wellbeing" in sport [J]. Frontiers in sports and active living，2023，5.

[27] MINKLER T O，ZIZZI S J，FOLLMER D J. The roles of readiness

and dosage in predicting outcomes of a mindful sport performance enhancement intervention with U.S. college student-athletes [J]. Psychol sport exerc, 2024, 70: 102-539.

[28] GOULD D, MAYNARD I. Psychological preparation for the Olympic Games [J]. Journal of sports sciences, 2009, 27 (13): 1393-1408.

[29] STENLING A, IVARSSON A, JOHNSON U, et al. Bayesian structural equation modeling in sport and exercise psychology [J]. Journal of sport & exercise psychology, 2015, 37 (4): 410-420.

[30] FLETCHER D, SARKAR M. A grounded theory of psychological resilience in Olympic champions [J]. Psychology of sport and exercise, 2012, 13 (5): 669-678.

[31] LANE A M, BEEDIE C J, JONES M V, et al. The bases expert statement on emotion regulation in sport [J]. Journal of sports sciences, 2012, 30 (11): 1189-1195.

[32] GOULD D, LAUER L, ROLO C, et al. The role of parents in tennis success: focus group interviews with junior coaches [J]. Sport psychologist, 2008, 22 (1): 18-37.

[33] PIAGET J. The affective unconscious and the cognitive unconscious [J]. Am psychoanal assoc, 1973, 21 (2): 249-261.

[34] TURNER M J, EWEN D, BARKER J B. An idiographic single-case study examining the use of rational emotive behavior therapy (REBT) with three amateur golfers to alleviate social anxiety [J]. Journal of applied sport psychology, 2020, 32 (2): 186-204.

[35] DECI E L, RYAN R M. The "what" and "why" of goal pursuits: human needs and the self-determination of behavior [J]. Psychological inquiry, 2000, 11 (4): 227-268.

[36] BRIKI W, DEN HARTIGH R J R, GERNIGON C. Psychological momentum in sport: toward a complex and dynamical perspective [J]. Psychologie

francaise, 2016, 61 (4): 291-302.

[37] REIGAL R E, VAZQUEZ-DIZ J A, MORILLO-BARO J P, et al. psychological profile, competitive anxiety, moods and self-efficacy in beach handball players [J] . International journal environmental research and public health, 2019, 17 (1) .

[38] JONES G. More than just a game: research developments and issues in competitive anxiety in sport [J] . British journal of psychology, 1995, 86 (4): 449-478.

[39] MYER G D, JAYANTHI N, DIFIORI J P, et al. Sport specialization, part i: does early sports specialization increase negative outcomes and reduce the opportunity for success in young athletes? [J] . Sports health, 2015, 7 (5): 437-442.

[40] SHIRAZIPOUR C H, LATIMER-CHEUNG A E, ARBOUR-NICITOPOULOS K P. An exploratory qualitative investigation of psychosocial determinants of parental decisions to support sport participation for youth with a mobility impairment [J] . Research in developmental disabilities, 2015, 45-46: 400-410.

[41] STENLING A, IVARSSON A, JOHNSON U, et al. Bayesian structural equation modeling in sport and exercise psychology [J] . Journal of sport & exercise psychology, 2015, 37 (4): 410-420.

[42] BELL J J, HARDY J. Effects of attentional focus on skilled performance in golf [J] . Journal of applied sport psychology, 2009, 21 (2): 163-177.

[43] YELAMOS G M, MACLACHLAN M, CARTY C, et al. The role of human rights in sport education: a call towards a new curriculum [J] . Sport education and society, 2023.

[44] DUDA J L. Relationship between task and ego orientation and the perceived purpose of sport among high-school athletes [J] . Journal of sport & exercise psychology, 1989, 11 (3): 318-335.

[45] CECCHINI-ESTRADA J, MENDEZ-GIMENEZ A. Motivational climate,

2 × 2 achievement goal orientation and dominance, self-regulation, and physical activity in pre-service teacher education [J]. European physical education review, 2017, 23 (4): 461-479.

[46] HUDIG J, SCHEEPERS A W A, SCHIPPERS M C, et al. Motivational mindsets, mindset churn and academic performance: the role of a goal-setting intervention and purpose in life [J]. Current psychology, 2023, 42 (27).

[47] HARWOOD C, CUMMING J, FLETCHER D. Motivational profiles and psychological skills use within elite youth sport [J]. Journal of applied sport psychology, 2004, 16 (4): 318-332.

[48] POTTS A J, DIDYMUS F F, KAISELER M. Psychological stress and psychological well-being among sports coaches: a close proximity longitudinal daily diary study [J]. Journal of applied sport psychology, 2024.

[49] DIEFENDORFF J M, RICHARD E M, YANG J. Linking emotion regulation strategies to affective events and negative emotions at work [J]. Journal of vocational behavior, 2008, 73 (3): 498-508.

[50] JAZAIERI H, MORRISON A S, GOLDIN P R, et al. The role of emotion and emotion regulation in social anxiety disorder [J]. Current psychiatry reports, 2015, 17 (1).

[51] NEWLAND A, NEWTON M, FINCH L, et al. Moderating variables in the relationship between mental toughness and performance in basketball [J]. Journal of sport and health science, 2013, 2 (3): 184-192.

[52] OCANSEY R T, NYAWORNOTA V K, ADAMBA C, et al. Promoting development of entrepreneurial skills of youth in Ghana through a structured sport intervention program [J]. Frontiers in education, 2023, 8.

[53] BIANCO T, EKLUND R C. Conceptual considerations for social support research in sport and exercise settings: the case of sport injury [J]. Journal of sport & exercise psychology, 2001, 23 (2): 85-107.

[54] ADAM M E K, KOWALSKI K C, DUCKHAM R L, et al. Self-

compassion plays a role in Canadian women athletes' body appreciation and intuitive eating: a mixed methods approach [J]. International journal of sport psychology, 2021, 52 (4): 287-309.

[55] WULF G, SHEA C, LEWTHWAITE R. Motor skill learning and performance: a review of influential factors [J]. Medical education, 2010, 44 (1): 75-84.

[56] DEPALMA D M, NIDEFFER R M. Relationships between the test of attentional and interpersonal style and psychiatric subclassification [J]. Journal of personality assessment, 1977, 41 (6): 622-631.

[57] VICKERS J N. Visual control when aiming at a far target [J]. Journal of experimental psychology-human perception and performance, 1996, 22 (2): 342-354.

[58] LIDOR R, ZIV G. Physical and physiological attributes of female volleyball players-a review [J]. Journal of strength and conditioning research, 2010, 24 (7): 1963-1973.

[59] DRISKELL J E, JOHNSTON J H, SALAS E. Does stress training generalize to novel settings? [J]. Hum factors, 2001, 43 (1): 99-110.

[60] WERGIN V V, BECKMANN J, GROPEL P, et al. Investigating cumulative effects of pre-performance routine interventions in beach volleyball serving [J]. PLos one, 2020, 15 (1).

[61] HIRSHKOWITZ M, WHITON K, ALBERT S M, et al. National sleep foundation's updated sleep duration recommendations: final report [J]. Sleep health, 2015, 1 (4): 233-243.

[62] FULLAGAR H H, SKORSKI S, DUFFIELD R, et al. Sleep and athletic performance: the effects of sleep loss on exercise performance, and physiological and cognitive responses to exercise [J]. Sports medicine, 2015, 45 (2): 161-186.

[63] DUNNE J D, THOMPSON E, SCHOOLERJ.Mindful meta-awareness:

sustained and non-propositional [J] . Current opinion in psychology, 2019, 28: 307-311.

[64] MURPHY S M. Imagery interventions in sport [J] . Med sci sports exerc, 1994, 26 (4): 486-494.

[65] WIELAND B, BEHRINGER M, ZENTGRAF K. Motor imagery and the muscle system [J] . International journal of psychophysiology, 2022 (174): 57-65.

[66] MALONEY E A, SATTIZAHN J R, BEILOCK S L. Anxiety and cognition [J] . Wiley interdiscip rev cogn sci, 2014, 5 (4): 403-411.

[67] LAZARUS R S. Emotions and interpersonal relationships: toward a person-centered conceptualization of emotions and coping [J] . Journal of personality, 2006, 74 (1): 9-46.

[68] SARKAR M, FLETCHER D. Psychological resilience in sport performers: a review of stressors and protective factors [J] . Journal of sports sciences, 2014, 32 (15): 1419-1434.

[69] JORDET G. Why do English players fail in soccer penalty shootouts? A study of team status, self-regulation, and choking under pressure [J] . Journal sports sciences, 2009, 27 (2): 97-106.

[70] ROBAZZA C, PELLIZZARI M, BERTOLLO M, et al. Functional impact of emotions on athletic performance: comparing the IZOF model and the directional perception approach [J] . Journal sports sciences, 2008, 26 (10): 1033-1047.

[71] MALONEY E A, SATTIZAHN J R, BEILOCK S L. Anxiety and cognition [J] . Wiley interdiscip rev cogn sci, 2014, 5 (4): 403-411.

[72] MARKOVSKA-SIMOSKA S, POP-JORDANOVA N, GEORGIEV D. Simultaneous EEG and EMG biofeedback for peak performance in musicians [J] . Prilozi, 2008, 29 (1): 239-252.

[73] PETRUZZELLO S J, LANDERS D M, HATFIELD B D, et al. A meta-

analysis on the anxiety-reducing effects of acute and chronic exercise. Outcomes and mechanisms [J]. Journal of sports med, 1991, 11 (3): 143-182.

[74] VATER C, STRASBURGER H. Topical review: the top five peripheral vision tools in sport [J]. Optom vis sci, 2021, 98 (7): 704-722.

[75] ALFORD C, COX H, WESCOTT R. The effects of red bull energy drink on human performance and mood [J]. Amino acids, 2001, 21 (2): 139-150.

[76] BEHRENS M, GUBE M, CHAABENE H, et al. Fatigue and human performance: an updated framework [J]. Sports med, 2023, 53 (1): 7-31.

[77] BENEKE R, BONING D. The limits of human performance [J]. Essays biochem, 2008, 44: 11-25.

[78] BENNETT M S, HEDLEY L, LOVE J, et al. Human performance in competitive and collaborative human-machine teams [J]. Top cogn sci, 2023.

[79] BILLING D C, FORDY G R, FRIEDL K E, et al. The implications of emerging technology on military human performance research priorities [J]. Journal of science and medicine in sport, 2021, 24 (10): 947-953.

[80] BRUNYE T T, YAU K, OKANO K, et al. Toward predicting human performance outcomes from wearable technologies: a computational modeling approach [J]. Front physiol, 2021 (12): 738-973.

[81] BUBNIS M A, HULSOPPLE C. Human performance and injury prevention in cold weather environments [J]. Curr sports med rep, 2022, 21 (4): 112-116.

[82] CHEUNG S S, LEE J K, OKSA J.Thermal stress, human performance, and physical employment standards [J]. Appl physiol nutr metab, 2016, 41 (6): s148-s164.

[83] CHOWDHARY S, IACOPINI I, BATTISTON F. Quantifying human performance in chess [J]. Sci rep, 2023, 13 (1): 2113.

[84] CLEMENTE-SUAREZ V J, FUENTES J P. Psychophysiological and behavior evaluation of human performance [J]. Physiol behav, 2019, 206: 84.

[85] D' ARTIBALE E, LAURSEN P B, CRONIN J B. Human performance

in motorcycle road racing: a review of the literature [J]. Sports med, 2018, 48 (6): 1345–1356.

[86] DEHAIS F, LAFONT A, ROY R, et al. A neuroergonomics approach to mental workload, engagement and human performance [J]. Front neurosci, 2020, 14: 268.

[87] DRUMMOND C K, LEWANDOWSKI B, MASSARONI C. Editorial: wearable technology for human performance [J]. Front physiol, 2022, 13.

[88] DUONG D, SOLOMON B D. Analysis of large–language model versus human performance for genetics questions [J]. Eur j hum genet, 2024, 32 (4): 466–468.

[89] ENOKA R M, DUCHATEAU J. Translating fatigue to human performance [J]. Med sci sports exerc, 2016, 48 (11): 2228–2238.

[90] FOX W F. Human performance in the cold [J]. Hum factors, 1967, 9 (3): 203–220.

[91] GLAVIN R J. Human performance limitations (communication, stress, prospective memory and fatigue) [J]. Best pract res clin anaesthesiol, 2011, 25 (2): 193–206.

[92] GOEL N, BASNER M, RAO H, et al. Circadian rhythms, sleep deprivation, and human performance [J]. Prog mol biol transl sci, 2013, 119: 155–190.

[93] HACKNEY K J, SCOTT J M, HANSON A M, et al. The astronaut–athlete: Optimizing Human Performance in Space [J]. Journal of strength and conditioning research, 2015, 29 (12): 3531–3545.

[94] HERTZOG C. Aging and peak human performance: a glance back [J]. Gerontol b psychol sci soc sci, 2020, 75 (8): 1621–1624.

[95] HUANG Y, EDEN J, IVANOVA E, et al. Human performance of three hands in unimanual, bimanual and trimanual tasks [J]. Annu int conf ieee eng med biol soc, 2022: 1493–1497.

[96] JOYNER M J, SALTIN B. Exercise physiology and human performance: systems biology before systems biology! [J] . Journal of physiology-London, 2008, 586 (1): 9.

[97] KENNY G P, GROELLER H, MCGINN R, et al. Age, human performance, and physical employment standards [J] . Appl physiol nutr metab, 2016, 41 (6): s92-s107.

[98] KIM D S, WHEELER M T, ASHLEY E A. The genetics of human performance [J] . Nat rev genet, 2022, 23 (1): 40-54.

[99] LOAT C E, RHODES E C. Jet-lag and human performance [J] . Sports med, 1989, 8 (4): 226-238.

[100] LUNASCO T K, CHAMBERLIN R A, DEUSTER P A. Human performance optimization: an operational and operator-centric approach [J] . Journal of special operations medicine, 2019, 19 (3): 101-106.

[101] MAKSIMENKO V A, HRAMOV A E, FROLOV N S, et al. Increasing human performance by sharing cognitive load using brain-to-brain interface [J] . Front neurosci, 2018, 12: 949.

[102] MANZEY D, LORENZ B. Human performance during spaceflight [J] . Hum perf extrem environ, 1999, 4 (1): 8-13.

[103] MARKWALD R R, GERMAIN A. Preface: waking up to the impacts of sleep health on human performance [J] . Sleep medicine clinics, 2020, 15 (1) .

[104] MARQUEZ J J, EDWARDS T, KARASINSKI J A, et al. Human performance of novice schedulers for complex spaceflight operations timelines [J] . Hum factors, 2023, 65 (6): 1183-1198.

[105] MEKJAVIC I B, NORHEIM A J, FRIEDL K E. Human performance and medical treatment during cold weather operations-synthesis of a symposium [J]. Int j circumpolar health, 2023, 82 (1) .

[106] NINDL B C, JAFFIN D P, DRETSCH M N, et al. Human performance optimization metrics: consensus findings, gaps, and recommendations for future

research [J] . Journal of strength and conditioning research, 2015, 29 (11): s221-s245.

[107] NINDL B C, KYROLAINEN H. Editorial: military human performance optimization: contemporary issues for sustained and improved readiness [J] . Eur j sport sci, 2022, 22 (1): 1-3.

[108] NOCCARO A, EDEN J, DI PINO G, et al. Human performance in three-hands tasks [J] . Sci rep, 2021, 11 (1): 9511.

[109] ONKHAM W, KARWOWSKI W, AHRAM T Z. Economics of human performance and systems total ownership cost [J] . Work-a journal of prevention assessment & rehabilitation, 2012, 41 (1): 2781-2788.

[110] PELHAM T W, HOLT L E, STALKER R. Acupuncture in human performance [J] . Journal of strength and conditioning research, 2001, 15 (2): 266-271.

[111] ROELANDS B, DE PAUW K. Technological impact on human performance [J] . International journal of sports physiology and performance, 2019, 14 (1): 1.

[112] RUSKIN K J, RUSKIN A C, MUSSELMAN B T, et al. COVID-19, Personal Protective Equipment, and Human Performance [J] . Anesthesiology, 2021, 134 (4): 518-525.

[113] RUSSELL A, DEUSTER P A. Human performance optimization and precision performance: the future of special operations human performance efforts [J] . Journal of special operations medicine, 2017, 17 (1): 80-89.

[114] RYAN B J, CHARKOUDIAN N, JOYNER M J. Human performance augmentation: the importance of integrative physiological quantification [J] . Journal of physiol-London, 2023, 601 (3): 407-416.

[115] SAWKA M N, CHEUVRONT S N, KENEFICK R W. Hypohydration and human performance: impact of environment and physiological mechanisms [J] . Sports med, 2015, 45 (1): s51-s60.

[116] SCOTT J M, DEUSTER P A. Ketones and human performance [J] . Journal of special operations medicine, 2017, 17 (2): 112–116.

[117] SELL T C, LUTZ R H, FAHERTY M S. The warrior model for human performance optimization [J] . Sports med arthrosc rev, 2019, 27 (3): 99–106.

[118] SPERLICH B, ZINNER C, HAUSER A, et al. The impact of hyperoxia on human performance and recovery [J] . Sports med, 2017, 47 (3): 429–438.

[119] SREEDHARA V, MOCKO G M, HUTCHISON R E. A survey of mathematical models of human performance using power and energy [J] . Sports med open, 2019, 5 (1): 54.

[120] STEMBRIDGE M, AINSLIE P N, WEST J B. Elevating physiology: Griffith Pugh on the limits of human performance and survival [J] . Journal of physiol–London, 2022, 600 (8): 1811–1813.

[121] SU L, KUDCHADKAR S R. Optimizing human performance in ICUs [J]. Pediatric critical care medicine, 2022, 23 (1): 65–67.

[122] SULLIVAN–KWANTES W, HAMAN F, KINGMA B, et al. Human performance research for military operations in extreme cold environments [J] . Journal of science and medicine in sport, 2021, 24 (10): 954–962.

[123] TAYLOR N A, PEOPLES G E, PETERSEN S R. Load carriage, human performance, and employment standards [J] . Appl physiol nutr metab, 2016, 41 (6): s131–s147.

[124] TRAVIS T W, BROWN D L. Human performance optimization: a framework for the military health system [J] . Military medicine, 2023, 188 (1): 44–48.

[125] KLEINBECK U, SCHMIDT K H, OTTMANN W. Motivation psychology aspects of motor control [J] . Archiv fur psychologie, 1981, 134 (3): 181–195.

[126] VINE S J, WILSON M R. The influence of quiet eye training and pressure on attention and visuo–motor control [J] . Acta psychologica, 2011, 136 (3): 340–346.

[127] BUTTON C, MACLEOD M, SANDERS R, et al. Examining movement variability in the basketball free-throw action at different skill levels [J] . Res q exerc sport, 2003, 74 (3): 257–269.

[128] LANGHAMMER P F, BULL J W, BICKNELL J E, et al. The positive impact of conservation action [J] . Science, 2024, 384 (6694): 453–458.

[129] BULL S J, SHAMBROOK C J, JAMES W, et al. Towards an understanding of mental toughness in elite English cricketers [J] . Journal of applied sport psychology, 2005, 17 (3): 209–227.

[130] DWECK C S. Personal perspectives on mindsets, motivation, and psychology [J] . Motivation science, 2024, 10 (1): 1–8.

[131] SARKAR M, FLETCHER D. Psychological resilience in sport performers: a review of stressors and protective factors [J] . Journal of sports sciences, 2014, 32 (15): 1419–1434.

[132] BEILOCK S L, CARR T H. On the fragility of skilled performance: what governs choking under pressure? [J] . Journal of experimental psychology-general, 2001, 130 (4): 701–725.

[133] FURLEY P, MEMMERT D, HELLER C. The dark side of visual awareness in sport: inattentional blindness in a real-world basketball task [J] . Atten percept psychophys, 2010, 72 (5): 1327–1337.

[134] RENSHAW I, DAVIDS K, ARAUJO D, et al. Evaluating weaknesses of "perceptual-cognitive training" and "brain training" methods in sport: an ecological dynamics critique [J] . Front psychol, 2018, 9: 2468.

[135] SCHUTZ L M, SCHWEIZER G, PLESSNER H. The impact of video speed on the estimation of time duration in sport [J] . Joural of sport & exercise psychology, 2021, 43 (5): 419–429.

[136] VATER C, STRASBURGER H. Topical review: the top five peripheral vision tools in sport [J] . Optom vis sci, 2021, 98 (7): 704–722.

[137] ABERNETHY B. Anticipation in squash: differences in advance cue

utilization between expert and novice players [J] . Journal of sports sciences, 1990, 8 (1): 17-34.

[138] SOLBERG E E, BERGLUND K A, ENGEN O, et al. The effect of meditation on shooting performance [J] . Br j sports med, 1996, 30 (4): 342-346.

[139] LEHRER P M, GEVIRTZ R. Heart rate variability biofeedback: how and why does it work? [J] . Frontiers in psychology, 2014, 5: 756.

[140] BROWN R P, GERBARG P L. Sudarshan Kriya Yogic breathing in the treatment of stress, anxiety, and depression: part ii: clinical applications and guidelines [J] . Journal of alternative and complementary medicine, 2005, 11 (4): 711-717.

[141] BANDHU D, MOHAN M M, NITTALA N, et al. Theories of motivation: a comprehensive analysis of human behavior drivers [J] . Acta psychologica, 2024, 244.

[142] COHEN G L, SHERMAN D K. The psychology of change: self-affirmation and social psychological intervention [J] . Annu rev psychol, 2014, 65: 333-371.

[143] SHERMAN D K, COHEN G L. The psychology of self-defense: self-affirmation theory [J] . Advances in experimental social psychology, 2006, 38: 183-242.

[144] STENLING A, IVARSSON A, JOHNSON U, et al. Bayesian structural equation modeling in sport and exercise psychology [J] . Journal of sport & exercise psychology, 2015, 37 (4): 410-420.

[145] KASHDAN T B, ROTTENBERG J. Psychological flexibility as a fundamental aspect of health [J] . Clin psychol rev, 2010, 30 (7): 865-878.

[146] PARR W V, HEATHERBELL D, WHITE K G. Demystifying wine expertise: olfactory threshold, perceptual skill and semantic memory in expert and novice wine judges [J] . Chem senses, 2002, 27 (8): 747-755.

[147] SANTANA J C, VERA-GARCIA F J, MCGILL S M. A kinetic and electromyographic comparison of the standing cable press and bench press [J]. Journal of strength and conditioning research, 2007, 21 (4): 1271-1277.

[148] GUADAGNOLI M, MORIN M P, DUBROWSKI A. The application of the challenge point framework in medical education [J]. Med educ, 2012, 46 (5): 447-453.

[149] WEINBERG I, RONNINGSTAM E. Narcissistic personality disorder: Progress in Understanding and Treatment [J]. Focus (am psychiatr publ), 2022, 20 (4): 368-377.

[150] BANDURA A. Self-efficacy: toward a unifying theory of behavioral change [J]. Psychol rev, 1977, 84 (2): 191-215.

[151] HARDY L, HUTCHINSON A. Effects of performance anxiety on effort and performance in rock climbing: a test of processing efficiency theory [J]. Anxiety stress coping, 2007, 20 (2): 147-161.

[152] AVEN T. Risk assessment and risk management: review of recent advances on their foundation [J]. European journal of operational research, 2016, 253 (1): 1-13.

[153] CARVER C S, SCHEIER M F. Control-theory-a useful conceptual-framework for personality-social,clinical,and health psychology [J]. Psychological bulletin, 1982, 92 (1): 111-135.

[154] SMITH D, COLLINS D. Mental practice, motor performance, and the late CNV [J]. Journal of sport & exercise psychology, 2004, 26 (3): 412-426.

[155] WESENBERG L, KRIEGLSTEIN F, JANSEN S, et al. The influence of the order and congruency of correct and erroneous worked examples on learning and (meta-) cognitive load [J]. Front psychol, 2022, 13.

[156] ACHTEN J, JEUKENDRUP A E. Heart rate monitoring: applications and limitations [J]. Sports med, 2003, 33 (7): 517-538.

[157] STANLEY J, PEAKE J M, BUCHHEIT M. Cardiac parasympathetic

reactivation following exercise: implications for training prescription [J] . Sports med, 2013, 43 (12): 1259–1277.

[158] ENGLERT C. The strength model of self–control in sport and exercise psychology [J] . Front psychol, 2016, 7: 314.

[159] ADLER C H, CREWS D, KAHOL K, et al. Are the yips a task–specific dystonia or "golfer' s cramp" ? [J] . Quarterly journal of experimental psychology section a–human experimenatal psychology, 2011, 26 (11): 1993–1996.

[160] AFRASSIABIAN K, VIEUX U, MAHATO B, et al. Yips: an investigation of causes and treatments in the context of golf [J] .American journal of geriatric psychiatry, 2022, 30 (4): s107–s108.

[161] DURAND–BUSH N, SALMELA J H.The development and maintenance of expert athletic performance: perceptions of world and olympic champions [J] . Journal of applied sport psychology, 2002, 14 (3): 154–171.

[162] CRAFT C. Wherever you go, there you are–mindfulness meditation in everyday life - Kabatzinn, J [J] . Library journal, 1994, 119 (1): 124.

[163] GARDNER F L, MOORE Z E. A mindfulness–acceptance–commitment–based approach to athletic performance enhancement: theoretical considerations [J] . Behavior therapy, 2004, 35 (4): 707–723.

[164] GERMANO G, BRENLLA M E. Influence of psychological time and self–control on psychological distress in Argentinian adults [J] . Interdisciplinaria, 2023, 40 (2): 461–477.

[165] LOCKE E A, LATHAM G P. Building a practically useful theory of goal setting and task motivation: a 35–year odyssey [J] . Am psychol, 2002, 57 (9): 705–717.

[166] WULF G, LEWTHWAITE R. Optimizing performance through intrinsic motivation and attention for learning: the optimal theory of motor learning [J] . Psychon bull rev, 2016, 23 (5): 1382–1414.

[167] WULF G, MCNEVIN N, SHEA C H. The automaticity of complex motor skill learning as a function of attentional focus [J]. Quarterly journal of experimental psychology section a-human experimental psychology, 2001, 54 (4): 1143-1154.

[168] OUELLETTE G, MILLEY K. Refocusing imagery interventions: reconciling motor imagery and attentional focus to improve basketball free throw shooting [J]. Journal of sport & exercise psychology, 2020, 42: s99.

[169] BRADLEY M M, SAMBUCO N, LANG P J. Imagery, emotion, and bioinformational theory: from body to brain [J]. Biological psychology, 2023, 183.

[170] JEANNEROD M. The representing brain – neural correlates of motor intention and imagery [J]. Behavioral and brain sciences, 1994, 17 (2): 187-202.

[171] Foundations of sport and exercise psychology, 7th edition [J]. International journal of sport psychology, 2019, 50 (2): 194-195.

[172] HOLMES P S, COLLINS D J. The PETTLEP approach to motor imagery: a functional equivalence model for sport psychologists [J]. Journal of applied sport psychology, 2001, 13 (1): 60-83.

[173] AMATO-VEALEY E J, BARBA M P, VEALEY R J. Hand-off communication: a requisite for perioperative patient safety [J]. Aorn journal, 2008, 88 (5): 763-770, 771-774.

[174] CARABINI L M, MORELAND N C, VEALEY R J, et al. A randomized controlled trial of low-dose tranexamic acid versus placebo to reduce red blood cell transfusion during complex multilevel spine fusion surgery [J]. World neurosurg, 2018, 110: e572-e579.

[175] JANICKI P K, VEALEY R, LIU J, et al. Genome-wide association study using pooled DNA to identify candidate markers mediating susceptibility to postoperative nausea and vomiting [J]. Anesthesiology, 2011, 115 (1): 54-64.

[176] MACHIDA M, OTTEN M, MAGYAR T M, et al. Examining

multidimensional sport–confidence in athletes and non–athlete sport performers [J] . Journal of sports sciences, 2017, 35 (5): 410–418.

[177] VEALEY R S. Current status and prominent issues in sport psychology interventions [J] . Med sci sports exerc, 1994, 26 (4): 495–502.

[178] VEALEY R, KOHT A, BENDOK B R. Multidose adenosine used to facilitate microsurgical clipping of a cerebral aneurysm complicated by intraoperative rupture: a case report [J] . A a case rep, 2017, 8 (5): 109–112.

[179] VEALEY Z N, FOGUEL L, VACCARO P H. spectral signatures of proton–transfer dynamics at the cusp of low–barrier hydrogen bonding [J] . Journal of physical chemistry letters, 2018, 9 (17): 4949–4954.

[180] VEALEY Z N, FOGUEL L, VACCARO P H.Hydrogen–bonding motifs and proton–transfer dynamics in electronically excited 6–hydroxy–2–formylfulvene [J] . Journal of physical chemistry, 2019, 123 (30): 6506–6526.

[181] VEALEY Z N, MERCADO B Q, VACCARO P H. The tropolone–isobutylamine complex: a hydrogen–bonded troponoid without dominant pi–pi interactions [J] . Acta crystallogr c struct chem, 2016, 72 (10): 730–737.

[182] VEALEY R S. Conceptualization of sport–confidence and competitive orientation–preliminary investigation and instrument development [J] . Journal of sport psychology, 1986, 8 (3): 221–246.

[183] LUISELLI J K. Performance psychology: theory and application in industry, sports, human services, and behavioral healthcare. Introduction to the special issue [J] . Behav modif, 2010, 34 (5): 335–337.

[184] BOISSON D.Neuroplasticity: a new therapeutic tool in the CNS pathology [J] . Neuropsychologia, 1990, 28 (8): 895.

[185] MRAZEK M D, FRANKLIN M S, PHILLIPS D T, et al. Mindfulness training improves working memory capacity and GRE performance while reducing mind wandering [J] . Psychological science, 2013, 24 (5): 776–781.

[186] GRUZELIER J H. EEG–neurofeedback for optimising performance. I: a

review of cognitive and affective outcome in healthy participants [J] . Neuroscience and biobehavioral reviews，2014，44：124–141.

[187] MESAGNO C. Choke：what the secrets of the brain reveal about getting it right when you have to [J] . Sport psychologist，2011，25（4）：551–553.

[188] RYAN R M，DECI E L. Self–determination theory and the facilitation of intrinsic motivation，social development，and well–being [J] . American psychologist，2000，55（1）：68–78.

[189] YU D，CHENG S T，WANG J. Unravelling positive aspects of caregiving in dementia：an integrative review of research literature [J] . Int j nurs stud，2018，79：1–26.

[190] BECKMANN J，KELLMANN M. Self–regulation and recovery：approaching an understanding of the process of recovery from stress [J] . Psychological reports，2004，95（3）：1135–1153.

[191] YERKES R M，DODSON J D. The relation of strength of stimulus to rapidity of habit–formation [J] . Journal of comparative neurology and psychology，1908，18（5）：459–482.

[192] RYAN R M，DECI E L. Self–determination theory and the facilitation of intrinsic motivation，social development，and well–being [J] . American psychologist，2000，55（1）：68–78.

[193] HALSON S L. Monitoring training load to understand fatigue in athletes [J] . Sports med，2014，44：s139–s147.

[194] MYER G D，JAYANTHI N，DIFIORI J P，et al. Sports specialization,Part II：Alternative Solutions to Early Sport Specialization in Youth Athletes [J] . Sports health–a multidisciplinary approach，2016，8（1）：65–73.

[195] AGRAS W S，BOHON C. Cognitive behavioral therapy for the eating disorders [J] . Annu rev clin psychol，2021，17：417–438.

[196] GREENE，J A，et al. Cognitive–behavioral therapy[J]. Psychiatric services，2005，56（9）：1161–1162.

[197] ANDERSSON G, CARLBRING P. Internet-assisted cognitive behavioral therapy [J] . Psychiatr clin north am, 2017, 40 (4): 689–700.

[198] ASARNOW L D, MANBER R. Cognitive behavioral therapy for Insomnia in Depression [J] . Sleep med clin, 2019, 14 (2): 177–184.

[199] AUCLAIR V, HARVEY P O, LEPAGE M. Cognitive behavioral therapy and the treatment of ADHD in adults [J] . Sante ment que, 2016, 41 (1): 291–311.

[200] BORZA L. Cognitive-behavioral therapy for generalized anxiety [J] . Dialogues clin neurosci, 2017, 19 (2): 203–208.

[201] CARSON A J, MCWHIRTER L. Cognitive behavioral therapy: principles, science, and patient selection in neurology [J] . Semin neurol, 2022, 42 (2): 114–122.

[202] DATTILIO F M, HANNA M A. Collaboration in cognitive-behavioral therapy [J] . Journal of clinical psychology, 2012, 68 (2): 146–158.

[203] DE KLEINE R A, SMITS J, HOFMANN S G. Advancements in cognitive behavioral therapy [J] . Psychiatr clin north am, 2024, 47 (2): xiii–xv.

[204] HINTON D E, PATEL A. Cultural adaptations of cognitive behavioral therapy [J] . Psychiatr clin north am, 2017, 40 (4): 701–714.

[205] HOFMANN S G, ASNAANI A, VONK I J, et al. The efficacy of cognitive behavioral therapy: a review of meta-analyses [J] . Cognit ther res, 2012, 36 (5): 427–440.

[206] HUEY S J, PARK A L, GALAN C A, et al. Culturally responsive cognitive behavioral therapy for ethnically diverse populations [J] . Annu rev clin psychol, 2023, 19: 51–78.

[207] HUNTER M S. Cognitive behavioral therapy for menopausal symptoms [J] . Climacteric, 2021, 24 (1): 51–56.

[208] MCKAY D, SOOKMAN D, NEZIROGLU F, et al. Efficacy of cognitive-behavioral therapy for obsessive-compulsive disorder [J] . Psychiatry

research, 2015, 227 (1): 104–113.

[209] MURPHY R, STRAEBLER S, COOPER Z, et al. Cognitive behavioral therapy for eating disorders [J]. Psychiatr clin north am, 2010, 33 (3): 611–627.

[210] SPENCER S D, STIEDE J T, WIESE A D, et al. Cognitive–behavioral therapy for obsessive–compulsive disorder [J]. Psychiatr clin north am, 2023, 46 (1): 167–180.

[211] TOLIN D F, LORD K A, KNOWLES K A. Cognitive–behavioral therapy enhancement strategies [J]. Psychiatr clin north am, 2024, 47 (2): 355–365.

[212] WALKUP J T, ALBANO A M, PIACENTINI J, et al. Cognitive behavioral therapy, sertraline, or a combination in childhood anxiety [J]. New England journal of medicine, 2008, 359 (26): 2753–2766.

[213] WANG X, ZHAO J, HUANG S, et al. Cognitive behavioral therapy for autism spectrum disorders: a systematic review [J]. Pediatrics, 2021, 147 (5).

[214] WENZEL A. Basic strategies of cognitive behavioral therapy [J]. Psychiatr clin north am, 2017, 40 (4): 597–609.

[215] EYSENCK M W, DERAKSHAN N, SANTOS R, et al. Anxiety and cognitive performance: attentional control theory [J]. Emotion, 2007, 7 (2): 336–353.

[216] MEYER D E, KIERAS D E. A computational theory of executive cognitive processes and multiple–task performance: part 1. basic mechanisms [J]. Psychological review, 1997, 104 (1): 3–65.

[217] POWELL E M, RAGOZZINO M E. Cognitive flexibility: development, disease and treatment [J]. Neuroscience, 2017, 345: 1–2.

[218] COHEN A B, TENENBAUM G, ENGLISH R W. Emotions and golf performance: an IZOF–based applied sport psychology case study [J]. Behav modif, 2006, 30 (3): 259–280.

[219] CHIESA A, SERRETTI A. Mindfulness–based stress reduction for

stress management in healthy people: a review and meta-analysis [J]. Altern complement med, 2009, 15 (5): 593-600.

[220] POULUS D, COULTER T J, TROTTER M G, et al. Stress and coping in esports and the influence of mental toughness [J]. Front psychol, 2020, 11: 628.

[221] GUCCIARDI D F, HANTON S, FLEMING S. Are mental toughness and mental health contradictory concepts in elite sport? A narrative review of theory and evidence [J]. Sci med sport, 2017, 20 (3): 307-311.

[222] JOWETT S, COCKERILL I M. Olympic medallists' perspective of the althlete-coach relationship [J]. Psychology of sport and exercise, 2003, 4 (4): 313-331.

[223] SELIGMAN M E, CSIKSZENTMIHALYI M. Positive psychology. An introduction [J]. American psychologist, 2000, 55 (1): 5-14.